世界で一番幸せになる!
ときめき自分ノート

ハッピーライフ・セラピスト
恒 吉 彩 矢 子

太陽出版

はじめに

あなたが、世界で一番幸せにしたい人は誰ですか？

パートナーでしょうか？　それとも両親？　子供やお世話になった人、大好きな友達や仲間かもしれません。けれど、その人たちより、もっともっと大切な人がいます。

それは「あなた」。

この本は、あなたを、世界一幸せな人にするための本です。


あなたは、自分自身のことをどれくらい知っていますか？　どれくらい大切にしていますか？　もしかすると、自分のことをあまり好きではないかもしれません。あまりいいことが起こらないので、「誰かが私を幸せにしてくれたらいいのに」「ときめくようなことが起こればいいのに」と思うことがあるかもしれません。

けれど、あなた自身が自分のことをもっと知るようにして、自分を幸せにしようとしたり、ときめくことをプレゼントしようとしたりすると……。あなたの毎日は飛躍的に幸せになって、ひいてはパートナーをはじめ周りの人をも幸せにすることができて、そして周りの人からも優しくされ、それだけでなく、思いがけないようなミラクルが起こり、思い描いていた夢もどんどん叶うようになるのです！

「自分で自分を世界一幸せにする」。このアドバイスを実践してくれた方たちからは、「こんなに変われるなんてビックリです」「生活の質がものすごく向上しました」「毎日幸せです」「ステキな人と出会えました！」……そういう嬉しいお声をいただいています。

そのために必要なのは、**「自分は素晴らしい！」**ということに気づくこと。

「自分なんて」とついつい思ってしまうかもしれませんが、記憶の底に眠っていることやマイナスと思っていたことの見方を変えていくと、まるで**「宝さがし」**のように、ザクザクと素晴らしいお宝を発見することができます。

「ない」でなく「ある」にフォーカスして本当の自分を発見し、「できない」という思い込みを解除して、「なりたい自分」をときめきながら描いていくと、必ず自分を「世界一幸せ」にすることができます。

この「ときめきノート」は、**世界一幸せなあなたになるための「あなたの本」**。

ときめく未来をあなた自身にプレゼントしてあげましょう！

ハッピーライフ・セラピスト　恒吉彩矢子

世界で一番幸せになる！　ときめき自分ノート　目次

4章 「ときめき自分マップ」を作ろう

5章 自分の使命に気づき、世界一幸せな自分になる！

本書の使い方

この本は、あなたがいつもは気づいていない「自分の宝物」を見つけ、さらに**自分に世界で一番幸せな未来を呼び込む**ためのものです。


まず１章では、ときめく人生を作るのは自分の「思い」だということをシッカリと知っていただきます。

２章では、あなたがすでにもっているけれど、忘れている「宝物」を掘り出してみて、自分のスゴさを改めて認識しましょう。

３章では、自分が「マイナス」「欠点」だと思っていたことが、実は「宝物だった！」ということに気づく、さらなる宝さがしをしていきます。

４章では、世界一幸せになるために自分にプレゼントしたい「自分の未来マップ」を、思いのまま描いて、現実化をうながしていきましょう。

５章では、あなたのもてるもの、そしてこれから得られることを駆使して、あなたの人生を生きがいと充実に満ちたものにする魔法をかけていきます。


「ムリ」とか「きっとダメ」という言葉は、この本を開いている間は忘れてくださいね。

オープンな心で自分の宝物をたくさん見つけ、自分を世界一幸せにしていきましょう！

1章

「ときめきの人生を作るのは自分！」と気づこう

「ときめくことが起きるから、ときめくのだ」

と思っていませんか？

実は、ときめくことを起こすのは、「自分の思い」。

自分の思いがどこに向かっているかで、
自分に起こることを変えることができるのです！

01 自分をないがしろにしてはいませんか？

毎日がなんだかときめけない。

そういう人というのは、**「自分にときめくことをしてあげていない」**というのが本当のところなのです。

朝ごはんも、「食べたいもの」ではなく、手間がかからないものとか、あるもので済ませるとか。服も「着たいもの」ではなく、いつも着ているものとか、汚れが目立たないものとか。バッグも、「もちたいもの」でなく、予算が合ったからとか、みんながもっているからとか……。

自分の朝ごはんも、服も、バッグも、自分で選んでいいはずなのです。

自分のことをもっともっと大切にしていいのに、「自分のことだからこの程度でいいや」とか「お金がないから」とか「他の人がこうだから」といったことで済ませてしまってはいませんか？

でも、もしあなたに大好きな人ができて、その人を幸せにしてあげたいと思ったら、きっと朝ごはんはその人が喜んでくれるよう、素材から吟味して美味しいものを作るでしょうし、テーブルセッティングまで凝るかもしれません。服をプレゼントするなら、着心地が

よくて、その人がステキに映えて、しかも心から気に入ってくれるものを選びますよね。
けれど「自分のこと」となると、それができない人のなんと多いことか！
とくに人目がない自分の部屋などでは、気に入ってはいないけれど、まだ使えるから着ているよれよれのシャツで、食べるものも、インスタントラーメンを煮て、鍋のまま食べてしまう、なんてこともしてしまうんですよね。

でも実はそういうライフスタイルこそが、自分の人生をときめかなくさせているのです。
なぜなら、**自分で自分を「この程度の扱いでいいや」と思ってしまっているから**。
そう思うと、たとえテレビでセレブを見て「ああステキ！　憧れるなぁ！」と思ったとしても、我が身を振り返ると「……でも、こんなだから、どうせムリ」と思ってしまい、結局「思った通りのことを引き寄せる」という引き寄せの法則を発動させてしまうのです。

あなたは、自分のことを大切に思っていますか？　それとも「どうせ」とか「しょせん」とか思っていませんか？

自分に起こることを引き寄せるのも、自分をどんな人間にするかも、未来がどうなるかも、すべて自分の思いが作っているのです。
「思い」の仕組みをシッカリと知っておきましょう！

02 現実がイマイチ……なぜ?

朝、目ざましアラームで起きたら、パパッと支度をして、会社や学校に向かって走る。

または、食事の支度をして、家族を起こして、準備をさせて、ついつい自分のことは後回し……。

毎日、「やりたいこと」ではなくて、「こなさなければいけないこと」に追われて終わってしまうことも多いですよね。

さらに、「もっとやりがいのあること」とか、「もっと自分のことを分かってくれる人と出会いたい」と思っても、そんなチャンスはなかなかない。

自分は運が悪いのかな……。と思うこともあるでしょう。そうすると、「さえない人生」と思いたくなってしまうもの。

人は、つい「今」自分に起こっていることでものごとを見るので、毎日がパッとしないと、「人生もこんなもの」と思ってしまいがちです。

けれど、ワクワクとときめきに満ちた人生を送っている人だって、世の中にはたくさんいるんですよ。

その人との違いは、たった一つ「自分を幸せにしようとしているかどうか」だけ。

ときめく毎日を送っている人は、自分が幸せになるために、自分にときめくことをいろいろしてあげています。「いいな！」と思ったことはパッとやって、やっぱり「いいなぁ！」と実感したり、「この程度」と思わないで「もうひと手間」して、満足したり。なのでいつも幸せでイキイキできるのです。

けれどさえない毎日を送っている人は、「いいな！」と思ったことがあっても、「お金が」「時間が」「自分には」とあきらめてしまうし、「この程度」と自分を思って、そう扱ってしまうので、いつもむなしい感じがしてしまうんですね。

ちなみに「あ〜あ」とか、「どうせ」とか、「私なんか」とつい口にしてしまう人は、「あ〜あ」で、「どうせ」な、「私なんか」になってしまいます。そのため、ときめくことがどんなに扉の向こうで待っていても、入ることができないのです。

でも。

自分が思っていること、行動していることが、自分の人生を創っていきます。

だから、自分の人生を変えるのは、すごくカンタン。

「自分を世界一幸せにする」と思うようにすればいいのです。

それだけであなたの心の扉は開き、ときめきを迎え入れる準備ができますから！

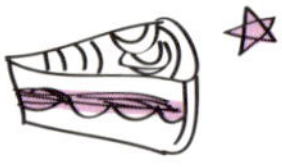

03 「思ったこと」が起こったことはありますか？

「思ったことが引き寄せられる」という、「引き寄せの法則」のことを聞いたことがありませんか？

「ケーキをたくさん食べたいな」と思っていたら、友人に「今度、スイーツバイキングに行かない？」と誘われたというような、偶然の一致が起こったことがあるかもしれません。

あなたに今まで起こった、「思ったことが現実に」ということを思い出してみてください。

実は、**あなたに起こっていることは、ほとんどが以前に「思ったこと」**なのです。

ささいなことだってそうですよ。今着ている服だって、きっと「コレを着る」と事前に思っていたからでしょう。

しかも、**「自分が強くしたいこと」を引き寄せる**――叶える力というのはものすごいものがあります。

自分の「思いチェック」をしてみましょう。

デザートを食べようかと迷うとき。「本当はダイエットしているから食べないほうがいいんだけど」と思ったとしても、食べちゃった、ということがありますよね。

そのときは、「食べない」思いよりも、「デザートを食べて満足」な思いのほうが「強くしたいこと」だったのです。ですから、やせることよりも、「食べて満足」という自分の思いをちゃんと叶えていたのです。

ものを買おうかどうか迷うとき。それを手に入れた自分よりも、買わなくて、お札が入っているお財布を見て安心している自分のほうが嬉しいことに気づくかもしれません。

だから、「買わない」という自分の思いが、現実になっていたのです。

このように、よくよく思いをチェックしてみると、良かれ悪しかれ、「自分が強く思っていることを叶えている」ということに気づくでしょう。

だから、「こうすればもっと幸せになれるのにな」と思っても、「どうせムリ！」という思いのほうが強かったら、そちらを叶えるので、やらないままで終わってしまうんですね。

けれど。

自分の未来を変えるのは「思いの力」。

「思い方」を変えて、「ムリじゃない！」というようになれば、幸せにもなれるし、ときめく未来だって必ず実現できるのです！

04 アタマとハートの「思い」を知ろう!

「思い」というのは、二つのことからできていると私は思っています。

一つは、「アタマ」で考える「思い」。

人は、**「ない」「失う」と思うと、怖れを感じて、イヤな気分になります**。

逆に、**「ある」「得る」と思うと、喜びを感じて、いい気分になります**。

ですので、「アタマ」は、比較や損得勘定をして、自分が「得をする」ことを選び、「損をする」ことを避けるようにするのです。

理性や思考、判断などはこれに入ります。そのおかげで失敗を防ぐこともできるのですが、あまり「頭でっかち」になり過ぎると、つまらない人生になってしまいます。

もう一つは、「ハート」で感じる「思い」。

それは、直感的に「楽しそう!」「やってみたい!」「好き!」と感じること。

やったことがないことでも、リスキーなことであっても、比較や損得勘定なしに「いいな!」とやってみたくなります。

直感や感覚、感情など、説明できない「思い」がこれになります。

これはある意味、「未来を先取り」した超感覚でもあって、リスクがあろうと「自分はそれを未来に経験している」という感覚があります。ですからこちらを優先する人は、損をしそうにアタマが考えてもたくさん失敗をしても、乗り越えて叶えてしまいます。世紀の発明やアイディアなどは、すべてこちらを形にしたものです。

人はこのアタマとハートの二つの思いが合わさっています。

なかなかやりたいことができない人や、「どうせ……」と思いがちな人は、ハートがせっかく「やってみたい！」と思っても、アタマが「失敗するかも」と失う可能性をたくさん提示するので、ハートの思いがつぶされてしまうのです。

でもそれは、自分の「思い込み」であって、そんなことはないことも多いんですよね。

これから、何かを選ぶとき、**自分が「ハート」から「こっち！」と感じたか、それとも「アタマ」で損得を計算して「こっち！」と考えたかをチェックしてみてください。**

「思い」のコントロールがだんだん上手になっていきますよ。

05 ハートのワクワク、ときめきを大切に！

誰かから旅行に誘われて、「行く行く！」と二つ返事で行くことを決めた場合。

それは「ハート」もそれを望んでいるし、「アタマ」もそれでいい体験を得られるとOKを出した証拠です。

けれど、「……ちょっと考えさせて」というときは、何かがマイナスになる**「怖れ」**があるサインです。

相手に対して気になることがあって**「気分が乗らない」**のなら、ハートがサインを送っています。

お金がかかること、不在の間に周りの人に迷惑をかけることなどを、**「考えてしまう」**というのならアタマがサインを出しています。

アタマのサインはないけれど、ハートがサインを出していたら、それは「未来の先取り」かもしれません。その感覚は大事にしたほうがいいです。

でもせっかくハートはウキウキしているというのに、アタマのサインでストップをしているとしたら、ちょっと考えてみてほしいのです。

ハートがウキウキしたら、「いい未来の先取り」です。

そしてアタマの声は、今までの過去のデータや思い込みで「マイナス」と考えているだけかもしれないのです。

アタマが「マイナス条件」を出してきたら、それが「プラス」になることはないか一つずつ検討してみましょう。

旅行代金はかかる――けれど、お金には代えられない一生の思い出ができる！
不在の間迷惑をかける――お願いしてみたら、意外に快く送り出してくれるかも！
そう考えていって、マイナスよりもプラスのほうが多くなったら、怖れが小さくなって、アタマの声もＯＫを出してくれるでしょう。
こんなふうにして、怖れをクリアにしていきながら、もっと「ハートの声」ともいえるべき、ワクワクやときめきを大切にしてみてください。

「あまりときめくことがない」という人は、アタマの声が強すぎて、さまざまな怖れを考えてしまうので、ハートのワクワク感を感じとれなくなっていることもあります。

アタマの声より、まずはハートの声に意識を向けてください！

06 もっと欲張りになっても大丈夫！

ハートの声は、けっこう大胆かもしれません。

テレビで、芸能人が高級リゾート地で優雅に過ごしているのを見て「いいなぁ」と感じ、「私もそうしたい！　行ってみたい！」とときめくこともあるでしょう。

けれどすぐに「ダメダメ！　いくらかかると思っているの！」「着ていく服だってないじゃない！」とアタマの声がストップをかけ始めます。

でも、私の友人には、テレビを見て「いいな！」と思ったら、「とりあえず行ってみちゃった！」ということをよくする人がいます。

「同じホテルではなかったけど、同じ場所を歩いたよ。やっぱり、すごくいい気分だった！」

彼女は普通のＯＬさんです。でも、ハートの「喜び」を優先する習慣ができているので、いつも楽しそう。そして仕事も派遣先に恵まれて、自分がやりたいことをするお金をちゃんと得ることができています。

「ダメかも」と思うことでも、心がときめいたのなら、動いてしまったほうが、結果オーライのことも多いのです。なぜなら、**ときめきは「いい未来の先取り」**だから。

逆に「いいな！」と思っても、「やっぱりうまくいかないかも」「損しちゃうかも」「後悔しちゃうかも」とアレコレ思っていると、せっかくやることにしても、未来は、「うまくいかない」「損」「後悔」ということも含めて実現してしまうのです。

私も、思い切って高いセミナーを受講したとき、「本当にそれだけの価値があるかな？」とイロイロ思ってしまったせいか、あまり納得がいかない結果になってしまったことがありました。

逆に、「あ～、優雅な休日を過ごしたいな。楽しいだろうな」とふと思っていたら、友人のお父さまに高級会員制ホテルにお招きいただいて、友人と一緒にプールやジャグジー、ステキなお食事を優雅に楽しむことが、いきなり叶ってしまったこともあったのです。

「こんなこと、自分に起こるわけがない」というのは、自分で自分を縛る、悪い言葉の魔法です。

自分の思いで、自分の未来を制限してしまうのは、もう終わりにしましょう。

「こういうことが起こってもいい！」。それが「ステキなパートナーと出会って、愛し愛され、経済的にも豊かで健康にも恵まれて、ものすごく幸せな毎日を過ごしてもいい！」というような、欲張りで景気がいいことだって、自分に起こることを許してしまいましょう。

アタマでマイナスなことを考えなければ考えないほど、望む未来が近づきますから！

07 「世界一幸せ」でココロを鍛える

景気がいいことを「なってもいい！」と思おうとしても、なかなかできない人もいます。

それは、自分に自信がないため。

優雅な休日を海外で楽しむことにときめいても、「お金がないし」「言葉も不安だし」と、自分に「ない」ことばかりを探し出して怖れてしまうので、簡単にアタマの声に従ってしまい、**「損しない」という消極的な喜び**に生きることになってしまうのです。

そんなときにぜひやってほしいことがあるのです。それは、

「自分で自分を世界一幸せにする！」と思って行動すること。

すると、自分を大切にして、自分を信じるココロを養えるのです！


朝、パジャマから服に着替えるとき。「いつもの服」「着られる服」「汚れが目立たない服」……。もし、そういう服を選んでいたのなら、こう自問してほしいのです。

「これは、世界一幸せにしたい人に着せたい服？」

それでもし「ＮＯ！」だったら、それをやめて、もっている中で幸せになれる服を選び直しましょう。

その服は普段着に下ろすには惜しいかもしれません。でもそれだけ、それを着ていると

トクベツな気持ちになれる、ということですよね。だったら、着てしまいましょう。すると「普通の1日」が、それだけで「トクベツな1日」になります。

家で食事をするときも、「自分1人だからこれでいいか」と済ませてしまうこともあるでしょう。でも、そこでも**「これは、世界一幸せにしたい人に食べてほしいもの？」**と自問してみましょう。

もしかすると、スナック1袋で済ませてしまおう、なんてことをしていたかもしれません。でもそれは大切な人への扱いとは違いますよね！

凝ったものを作らなくてもいいのです。「もっと野菜を食べてほしいな」「器もこっちのほうが美味しく見えるよね」と、**「幸せになってもらうためにもてなす」**という気持ちになるだけで、変わってきます。そしてそのぶんの気持ちがこもったものを食べることになるので、満足感も高まるのです。

これと同じようにして、買うものを選ぶときも、人と会うときも「自分を世界一幸せにする」ということを意識してみるだけで、自分の行動がガラッと変わってきます。そして自分のやることすべてが、「自分が幸せになること」なので、ココロの喜び感・幸せ感が高まってきます。そうするうちに、**「自分は大切に扱われている」「自分はそれに値するんだ」という自信が育ってくるので、幸せなことが舞い込むようにもなるのです！**

08 世界で一番大切なのはあなた

「自分で自分を、世界一幸せにしてあげる」

なぜなら、それはあなたが最も適任で、同時にあなたがそうされる価値がある人だからです。

なぜかというと、あなたとあなたの体の責任をもっているのは、あなた。

そして、あなたが本当に欲しいものを知っているのも、本当にやってほしいことを知っているのもあなただからです。

また、「自分なんてたいしたことない」と思っているかもしれませんが、「思い込み」というホコリをかぶっていて、見えないこともすごく多いのです。

第2章でやっていきますが、日頃は忘れている、あなたの心の底に沈んでいるさまざまな思い出、あなたが今まで受け取ってきたもの、あなたがやってきたこと、これからできること……。それらを「宝さがし」のように掘り出していくと、**「うわ、けっこう自分、いいじゃない！」**と思えることはものすごくたくさんあるんですよ。

何かをしようとするとき、つい「自分なんて」と思ってしまうこともあるかもしれません。

でも、そもそも可能性がゼロのことを、「いいな」と思わないものです。

優雅な海外の休日にときめくのは、ハートが「できるよ！」と、自分に起こる未来を先取りして教えてくれているから。

貯金がゼロなら、海外には魅かれなかったでしょう。言葉だって、添乗員さんがいれば大丈夫かもという気持ちが片隅にあるはず。あなたはすでに、それを叶えるだけの要素を「もって」いるのです。

もしくは、「海外」「優雅な」というのはちょっと見栄を張った希望で、本心を見つめてみると「ゆったりした時間を過ごしたい」だけかもしれません。それなら、温泉一泊旅行でも心が満たされるでしょうし、それを叶えるだけのものもちゃんとあるのです。

心に浮かんだときめきを、「自分には叶えることができないから」「損しちゃうと怖いから」という「アタマの声」で否定することは、この本を開いているときは禁止です！

「叶う夢だから、心に宿る」という言葉があります。

「思うだけ」なら損はしませんよね。だから、自分にとんでもなくうまいことがやってくることがあっても、**「いいよね！」**と大胆に思ってしまうことを、この本を開いているときだけは許してみてください。**あなたは世界一幸せになっていい人です**。そしてそうすると、本当にステキなことが起こり始めますから！

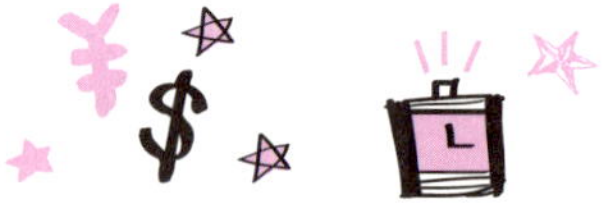

09 自分の「ある」に気づくことが喜びへの道！

「できない」と思うときというのは、**「時間がない」「お金がない」「才能がない」**という三つの「ない」を考えてしまうことが多いもの。

でも、本当に「ない」のでしょうか？

やることに追われて「時間がない」と思っていても、「人に手伝いを頼む」「今やっていることを少し省略する」ということにチャレンジすることで、時間を捻出することができないわけではありません。

月給が決まっていたら収入は増えませんが、やりくりを工夫したり、これから何かにチャレンジして、副収入を得たりする道だってありますよね。

才能がないと思っていたら、それを高めることをすればいいのだし、それをする気があまり起こらないのなら、自分が伸ばす才能は別のところに「ある」のでしょう。

「ない」と思っているものは、「今」そう思っているだけで、すでに自分が得ているものもあるし、「未来」はそれがある状態が当り前になっていることもあるのです。

左の絵を見てください。

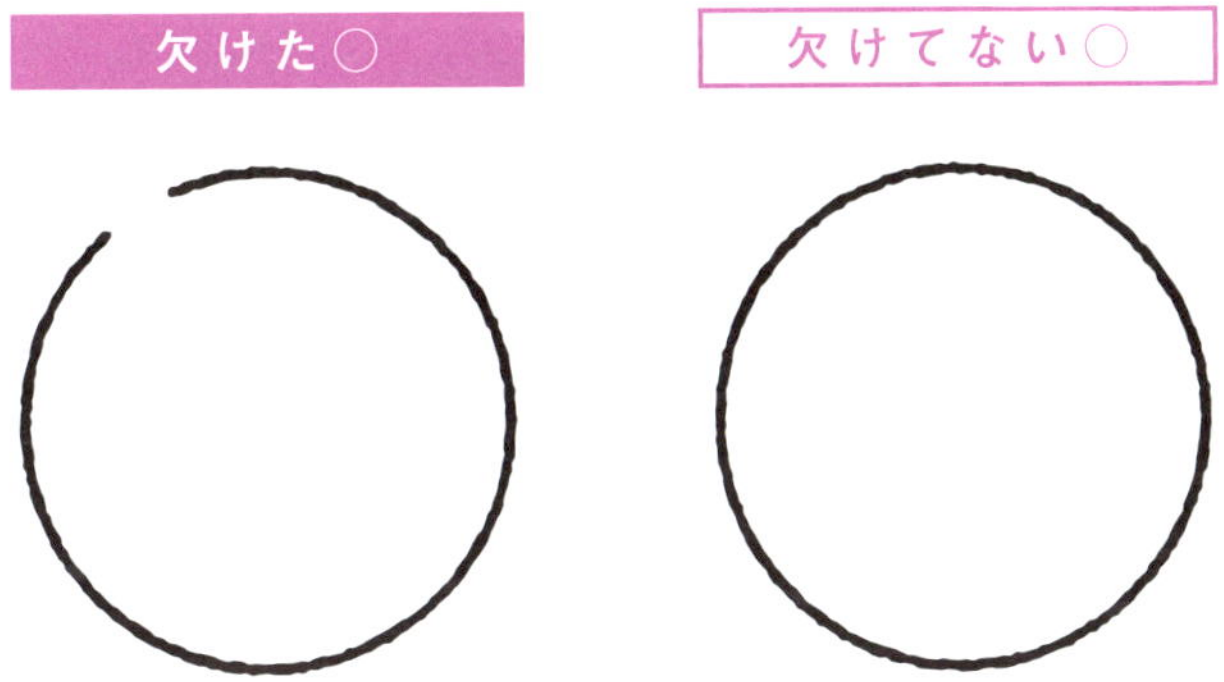

どちらに目が行くかというと、左のほう。しかも、欠けた「ない」部分ですよね。

人はついつい「ない」ところばかりを見がちです。でもたくさんの「ある」がすでにあるのです。

だから、**自分の「ある」をたくさん見つけるようにしてみましょう！**

埋もれている自分のお宝を見つけていくと、「あ、自分ってけっこうできることがある」「自分ってやるじゃない！」という気持ちになってきます。

すると、今まで「やりたい！」とときめいても、怖れによって「できない」と決めつけていたことを、「できそう」「やってもいい」と思えるようになってきます。

そうすると、**ストレートに「やりたい！」と思った「いい未来の先取り」を、怖れのオプションをつけることなしに叶えることができるようになっていく**んですよ。

次の章から、心をオープンにして、自分の宝物を探していきましょう！

この『ときめき自分ノート』では、あなた自身のことをたくさん書いていただきます。
カラーペンなどでカラフルに色付けをしたり、イラストを描きこんでみたりすると、さらにときめき度がアップしますから、ぜひチャレンジしてみてください！

2章

自分の宝物を見つけよう

ときめいた「未来の先取り」を上手に叶え、
自分を世界一幸せにするには、自分には「ない」と
怖れていることを減らしていくことが大切です。
それには、自分には「ある」ということを思い出すこと。
あなたにはたくさんの宝物がすでにあるんですよ。
それに気づくと、欠けた部分が埋まっていって、
怖れることなく、ステキなときめきを
叶えられるようになります！

10 あなたが大切にしているものは？

まずはあなたの持ち物から見ていきましょう。あなたが大切にしているものは何ですか？　失いたくないと思っているものは何ですか？　それを書いてみてください！

大切にしているものは？

大切にしていたり、失いたくないと思うのは、あなたがそれを「すでにもっている」からですよ。あなたにはステキな宝物を、もう得ているのです！

失いたくないものは？

11 あなたが今までに稼いだお金は？

次にあなたが今まで得てきた収入を改めて思い出してみましょう。ちょっと大変かもしれませんが、だいたいでいいので、概算を出してみてください。

○中学、高校のバイト代の総額
○大学、専門学校時代のバイト代の総額
○就職してからのお給料・ボーナスの総額
○主婦の方なら、旦那さんから受け取ってきた月収の半分の総額
○思い出せるだけの臨時収入……
○トータル

「総額にしてみると、けっこう稼いできたんだなぁ」としみじみする方もいるでしょう。

これは、あなたが今まで、自分の体や頭を使って、**誰かの役に立ったり喜ばせることをやったりしたことによって得たもの。**あなたに受け取る価値があったもの。

自分がやってきたことがすべてお金に換算できるわけではありませんが、**「やったことのお礼」**として受け取ったお金も、これだけ得ているのです。

あなたは今まで、けっこうたくさんのことをし続けてきた、ということですよ。

さらに、今のあなたの貯金額を書いてみてください。

あなたが今までに稼いだお金は？

中学、高校のバイト代の総額

大学、専門学校時代のバイト代の総額

就職してからのお給料・ボーナスの総額

主婦の方なら、旦那さんから受け取ってきた月収の半分の総額

思い出せるだけの臨時収入…

TOTAL

今のあなたの貯金額

貯金額が意外に少なくて、「今まで稼いだお金はどこに消えたの？」と思ってしまうかもしれません（笑）。

でもそれは、あなたがお金を使って、何かを買ったり、やったりした、ということ。

ものを買えば、何か自分を喜ばせる価値のあるものを得たということですし、同時に払ったお金は、お店を潤し、店員さんのお給料になり、ひいては日本経済の活性化にもつながることになります。原料が輸入されたものなら、世界経済にも影響しますよね。

あなたは「ちっぽけ」なんかじゃありません。

あなたが動くことで、お給料という形で、「お金」という感謝のエネルギーを受け取ってきました。そして得たお金を、ものを買うときに代金というお礼のエネルギーで払うことで、**日本の、世界の経済を回す一役をも担ってきた**のですよ！

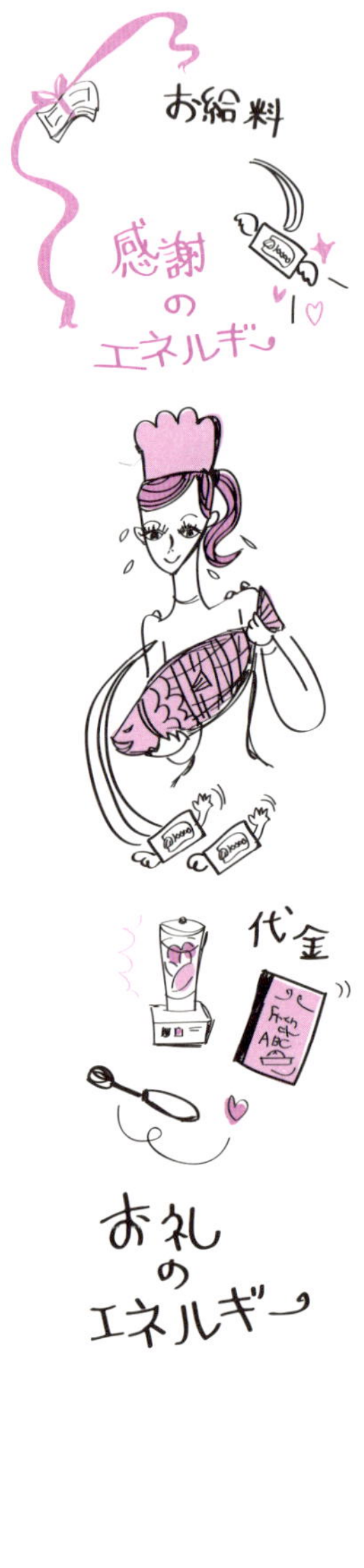

12 お金を使って、得られたことは?

旅行であれ、興味があることを勉強するのであれ、お金が必要になります。
お金を使って、いい経験を得られたな、ということは何ですか?

お金を使って得たいいい経験は?

貯金が少なかったとしたら、それは使う過程で得た、お金に換算できない別の形の財産が、自分のお財布でなく、「心」に貯金されたということです。

死ぬときに、あの世に貯金はもっていけません。もっていけるのは「思い出」だけ。
お金は、「生活」と直結しているところがあるので、「減ると怖い」と思いがちなもの。

けれど、お金を使うからこそ、自分が作ることができないような、パリで修業したパティシエのケーキを食べることができたり、製作費数百億円もする映画を見たりすることができるんですよね。

これからお金を使うとき、**「これでどんなものが得られる？」**と、自分に問いかけてみてください。

ディズニーランドに行くとすると、交通費を使うし、数千円の入場料を払うし、お土産を買うしで、「けっこうかかるな」と、お金が減ることを考えてしまうかもしれません。けれど、自分が一つ数十億円もするアトラクションの装置を維持したり、2万人もいるキャストを雇ったりすることなしに、「楽しむ経験」をさせてもらえることを考えたら、安いですよね！　そのことに感謝しながら遊んだら、より楽しさも増すでしょう。

「人生とは、さまざまな経験をするもの」と言われたりします。

あなたがもっているお金というのは、あなたがいろいろな経験をするために、過去の自分が、未来の自分のために稼いでくれたプレゼント。楽しんで使いましょう。

そして、今まで自分が得た経験を思い出してみましょう。どこかに行ったこと、本や漫画を買ったこと、学校帰りに友達とファストフードで過ごした時間……。

それらも、大切なあなたの財産です！

13

あなたの周りにいる人は？

あなたの周りにいてくれる人を思い出してみましょう。
人というのは、ものすごく大切なあなたの財産です。
好きな人、感謝している人、大切な人は誰ですか？
苦しいときに助けてくれる人は誰が浮かびますか？

あなたの周りにいる人は？

好きな人

感謝している人

大切な人

苦しいときに助けてくれる人

人は、ポジティブなものを「得る」ことができる人を好きになります。

ポジティブなものというのは、「楽しさ」や「新しい情報」や「いい思い出」やプレゼントなど、自分に何か**エネルギー**をくれる人。あなたは今まで、そういう人たちからたくさんのエネルギーをもらってきました。具体的にはどんなものですか？

人生を変えてくれた言葉や、旅行に行った思い出。一緒に映画を見たことや、苦しいときの励まし。パートナーなら結婚という機会や、子供かもしれませんね。

それを思い出し、書き出してみましょう。思い出すだけで幸せになれますよ。

また、もらうばかりでは、心苦しくもなってしまうもの。

自分が相手に何かポジティブなことをしてあげられたときや必要とされたときも、「よくやった！」と自分で自分をほめていい気持ちになれるのです。

大切な人というのは、自分を必要としてくれる人でしょう。あなたがその人にやってあげたことは何でしょうか？　それを思い出して、ぜひ自分をほめてみてください。

また、苦しいときに助けてくれる人は、頼りになってありがたいですよね。

「私にはそんな人いない……」と思っていても、それは「頼むのが心苦しい」と思っていたり「ダメだろう」と思っているだけであって、いざ頼んでみると、親切にしてくれる人がけっこういたりするものですよ。

あなたの周りにいる、自分が好きな人を改めて思い出してみてください。

ステキな人がいればいるほど……**それはあなた自身が、「ステキな人」である証拠。**

「類は友を呼ぶ」と言うように、自分の周りにいる人は、自分に等しい人です。

もし、「……こんな人では困る！」と思うのであれば、周りの人との付き合い方がちょっとうまくいっていないのかもしれません。

次の章で、そこを上手にクリアしていくと、だんだん**「自分の周りはステキな人ばかり！ それは私もだから！」**と思えるようになっていきます。

もらったエネルギーは？

好きな人、感謝している人からもらったエネルギーは？

大切な人にして、喜ばれたことは？

14 自分が今までやってきたことは？

自分の経験を、もう少し深掘りしていきましょう。

あなたが周りに働きかけたことを思い出していきます。

子供の頃、誰かを喜ばせたことはありませんか？　学生のときに部活や委員会活動、イベントなどでやったことはありませんか？


そういったときの楽しい思い出が、今やっていることにつながっていることもあります。

仕事は今までどんなことをしてきましたか？

営業だったら、今までトータル、どれくらい売り上げたのでしょう？

事務だったら、どのくらいの数の案件を処理しましたか？

専業主婦なら、累計どれくらいのお茶碗を洗ったでしょう？　どれだけの洗濯物を干しましたか？

それを、ちょっと面倒くさいかもしれませんが概算してみてください。

「数値化」してみると、頭では「こんなもの」と思っていたことが、改めて「けっこうやっているな！」と納得できるんですよ。

自分がやってきたことを、認めてみましょう。

「自分は大したことができていない」と思ったり、「これは別の人でもできること。別の人ならもっとうまくやれる」と思ったりしてしまうとしても、あなたが今までそれをやって、それだけのことをしてきたというのは、まぎれもない事実です。

自分が今までやってきたことは？

お茶碗を洗わなかったら、次のときにご飯を食べることはできませんよね。

自分が動くことで、ちゃんと役に立つことをしているのです。

けれどそれを「当り前」のこととして、認めなかったら……。

「自分は大したことがない」と思い続けてしまうのです。

やったことを認めるのは、自慢でも傲慢でもありません。

やったことをきちんと評価して、「自分ってけっこうやっている」と思えば思うほど、自分のやっている仕事を「こなさなければいけないこと」「やらされていること」と思うのではなく、「役に立っていることをしているのだ」と自覚をもってやることができるので、自尊心がどんどん高まっていくのです。

私がセッションでクライアントさんとお話をしていると、小さいお子さんをお持ちの主婦の方は、「ワガママな王様の子供に振り回される召使いみたいですよ」と冗談交じりにおっしゃることがあります。

でもそれは、「振り回すほうが主役」と思ってしまっているだけ。

「自分のほうが主役」と考えたら、自分は「自分が産んだ小さい命を守る」という、とても大切なかけがえのないことをしていて、お子さんはその機会を作ってくれる、選ばれた**「共演者」**となるのですよね。

日常のことに追われていると、そのときの感情で、楽しいとか、イヤだとか思うものです。
けれど、**「自分がやっていることは、人のためにもなることで、それによって自分も充実感を得ることなのだ」**と自覚をし、さらに今までやってきたことを改めて見直すことで、自分の価値を再認識してみてください。

それは、自分を好きになる秘訣でもあります。

自分を過小評価するのは、もうやめましょう。

あなたは、宇宙に必要とされているから命を授かっているのです。

ムダ遣いをしても、「アイドルやゲームにうつつを抜かしている」などと言われても、それで自分がゴキゲンになったのなら、周りの人にイヤなムードを撒き散らさなかっただけで、社会貢献（笑）になっています。それにそういったことが人生の役に立つこともあるのです。

アップルの創業者のスティーブ・ジョブズも、**「私は多くの寄り道をしてきたが、それがすべて役に立った」**と言っていますよ。

改めて、やってきたことを見直してみてください。

そして恥ずかしがらず、遠慮せず、シッカリとそれを認めてみると、今までの自分を「良くやった！」と褒められるようになるし、「やっぱり、自分を世界一幸せにしていいよね！」という気持ちになってきます。

15 体でできることはどんなことがある?

あなたはすでに、ものすごく価値のあるものを、すでに保有しています。
それは「あなたの体」。どれだけ価値があるのか、改めて確認してみましょう。

■手を使ってできることはどんなことがありますか?

もつこと、運ぶこと、料理すること、仕事をすること……。手はさまざまなことができますよね。ちなみに、もろいものも固いものも運べるアームを作るのは、何千万円かけても開発できない高度なことです。それを当たり前のようにできることだって、ものすごくすごいのです。

また、多くの人が手を使って仕事をしているでしょう。美容師、コック、事務やパソコン業務……。それで多くの人の役に立ち、お金を稼ぐこともできるのです。

手だけでものすごい価値がありますよね!

□足を使ってできることはどんなことがありますか?

足を使って、どんなところにでも行くことができます。道路は車には負けますが、山道や細い道だってスイスイ。木に登ることだってできますから、その点では3000万円の

フェラーリより優秀なのです！

目を使ってできることはどんなことがありますか？

近くのもの、遠いもの、さまざまなものを見ることができます。しかも記憶することも、新しいもの古いものを判別することだってできます。すごいんですよ！

他の機能ですごいところは？

暑ければ汗を出して体温を下げ、傷ができたら自然と治癒し、心臓は一瞬も止まらずに血液を運び、食べたものをエネルギーや血や肉や骨とし、使い終えたものは排出し……。しかもほとんどが自動制御で動いています！

こんな機能がある「乗り物」、何兆円出しても開発不可能です。

それをすでに保有しているのですから、それだけでもあなたは財産家です。

しかも体は、「パスタが食べたいな」と思ったことを叶えてくれたり、「あそこに行きたいな」と思ったことを叶えてくれたりする、**「思いを叶える機能」**までついています。

風邪をひいて熱が出たりすると、ついつい「熱なんか出ちゃって」と体を責めたくなることもあります。けれど体は、いつもいつもあなたのために動いてくれているんですよね。

そして、人を好きになってときめくことも、楽しい経験をして笑うことも……。
すべての体験できること、これから経験できることは、体があるからこそ。
そして、これからたくさんの価値を創造することもできるのです。

改めて、「体ってすごい！」と思ってそのパワーを実感し、そういうものをもっている自分も「すごい！」「さすが！」と思ってみてください！

思いを
叶えられる
体って
スゴイ
パスタが食べたい
あそこに行きたい

体でできることは他にどんなことがありますか？

●手を使ってできることは？

●足を使ってできることは？

●目を使ってできることは？

●他の機能ですごいところは？

16 自分が受け取っているものは？

生まれてきてから、気がつけば大きくなっていて、「今の自分」ができています。

それまでに、よくよく思い返してみると、**あなたが大きくなるまでには、とてつもなく多くの費用と資源が注がれて、さらに命もいただいている**んですよ。

例えば、お母さんから受け取ったもの。

赤ちゃんは、目を離しては危ないです。そのため、24時間体制で見守ります。

それを時給計算すると……。1時間800円として、800円×24時間×365日で、最初の1年だけでも、お母さんから700万8000円分もの価値があることをしてもらっているのです！

また、安全・安心に生活するために、警察や消防隊があり、道路なども整備されています。勉強するための学校、健康を守るための病院、さまざまなところで税金が使われ、快適に生きていけます。それは、国民として、自分や家族が税金を払っているから受け取れる「権利」とも言えますが、自分1人でこのシステムを維持できるはずがありません。やっぱりたくさんのお金が自分のために注がれているのも確かなことですよね。

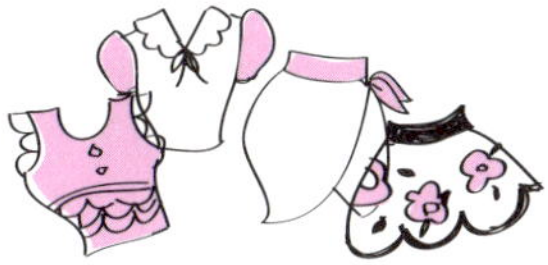

また、1年に何回か肌着やシャツや服を買うでしょうが、生まれてから自分が着てきた衣類をトータルしてみたら、どれだけの量になるでしょう？

服ができるためには、原料が要ります。遠くの国の人が綿花を育てて摘む、という作業をしたり、石油プラントで石油を掘削するということも必要です。もちろん、デザインや縫製にも多くの人の手がかかっていますよね。

「服を着る」ということをとってみても、膨大な資源と人の手がかかっているわけです。

また、ものを食べるというのは、**「生き物の命をいただく」**ということでもあります。

週に2回魚を食べていたら、最低2匹の魚の命をいただいています。それを30年続けていたら、2回×4週×12ヶ月×30年で、２８８０匹！　の魚の命が、あなたの中に**「移し替えられた」**ということです。

同じ回数トマトを食べていたら、２８８０個のトマトがあなたの体の中に入ります。

トマトは、もがずに種にしたら、新たなトマトを育てることができます。そうしたらまた何十ものトマトを作ることができたその「未来」をも、あなたはいただいたということ。

生きているだけで、こんなにもたくさんの「命」を受け取っているんですよね。

改めて書き出してみてください。

自分が受け取っているものは？

● あなたが今まで着た服の数は？

● あなたが今まで食べたご飯の量は？（お米は、お茶碗一杯　約 3000 粒）

● あなたがご両親からかけてもらった時給の総額は？

● 自分が安全に暮らすために関ってくれている人の数は？

●「水が飲める」ためには、どれだけの設備が必要？

なんだかしみじみ、「たくさん受け取っているじゃない！」という気持ちにならないでしょうか？

そうなのです。

「当り前」に生きているような気がしても、自分にはたくさんのものがすでに注がれているんですよね。

それを「負担」に感じるのではなく、

「それだけのものをいただいているのだから、せっかくの人生、自分を世界一幸せにして、周りも幸せにして、思いっきり生きていこう！」

そう思ってみませんか？

食事をするとき「早く食べよう」と思うのではなく、「お魚さん、命をありがたくいただきます！」と、チラッと思うように意識を変えてみるだけでも、「命を受け取っている」ということを思い出し、**「自分が感じる、自分の命の重さ」**が変わってきます。

ご両親と気が合わないことがあって、つい衝突をしてしまうようなときも。

「自分で自分の身を守ることが全くできなかったときに、お世話をしてくれたのだ」と、思い出すだけでも、自分の気持ちが落ち着いて、憎まれ口ではない言葉が自然と出るようにもなるでしょう。

自分が受け取っているものを思い出してみると、**「当り前のこと」**は、**「ありがたいこと」**

であったのだと気づくようになります。

これは、ものすごく大きなことです。

「当り前」というのは、「ある」のが当然ですから、少しでもなくなると、怖れたり不満を感じたりしてしまいます。

けれど、「ありがたい」というのは、「ない」のが「ある」ことになったのですから、喜びを感じて嬉しく、いい気分になります。

「ありがたい」ということは、「感謝している」ということ。

だから、感謝をする人は、いつもご機嫌でいられるんですね。


「ない」と思うと、「欲しい」と思うもの。

けれど「ある」と思うと、それがたくさんであれば「分けてもいいかな」と思えるようになってきます。

自分が受け取っていることを、たくさん「思い出して」みましょう。

そうすると、いつも楽しくなれるし、人に対して優しくもなれるので、相手の態度も優しくなって、また楽しくなれます。

そうして**「幸せの循環」が自分から始まるようになる**のです！

17 自分の長所は？

あなたが生まれもっているもの、生まれてから育ててきたもの。その一つが「長所」です。自分のいいところを、改めて見直してみましょう。それも自分の「ある」を見つけることになりますよ。

○自分で自分を「いいな！」と思うところはどこ？
○あなたの得意なことは？
○褒められたことは？
○喜ばれたことは？
○輝かしい過去は？

イラストを描くのが趣味なら、今まで何枚？　ブログを書いたのなら、何日分？　**数値化してみると、自分の「やったこと」を「見える化」することができます。**数値化もしてみましょう！

やったことを見える化
何枚描けた？
何枚書けた？

自分の長所は？

●自分で自分を「いいな！」と思うところはどこ？

●あなたの得意なことは？

●褒められたことは？

●喜ばれたことは？

●輝かしい過去は？

「いいな！」ということは、自分で自分を認められること。

「得意なこと」というのは、自分を使ってよくできること。

「褒められたこと」というのは、他人の目から見て、秀でたこと。

「喜ばれたこと」というのは、自分が人のために何かいいことができたこと。

「輝かしい過去」というのは、自分の心に残る、嬉しい思い出です。

これらを思うとき、きっと顔がニヤニヤしているはず。こういった**ポジティブなことを思うと、そのときのことを想起するので、そのときの嬉しさも追体験できる**のです。


嬉しいというういい気分は、ポジティブなものを「得た」ということでもあります。

褒められたときは、自尊心が高まります。喜ばれたときは、きっと感謝を受け取っているでしょう。小さいことでもたくさん書き出してみてください。


あなたは自分を使ってさまざまなことをして、人にも良い影響を及ぼし、さらにそれで自分もたくさんのものを得て、満たされたはずなのです。


そういったことを、記憶の底に沈めておかないで、ときどき取り出してはニヤニヤしてみましょう。そして、「自分、やるじゃない！」と自分を褒めてみましょう。

忘れているだけで、あなたにはそれだけのことをしているのですから！

18 他の人から見た自分は？

「ジョハリの窓」というのを知っていますか？

これは、コミュニケーション心理学でよく使われるもので、人は「自分も他人も知っている自分（開放の窓）」、「自分は知っているけれど、他人は知らない自分（秘密の窓）」、「自分は知らないけれど、他人は知っている自分（盲点の窓）」、「自分も他人も知らない自分（未知の窓）」の**四つの自分がいる**、というもの。

「人から見た自分」というのは、意外な面もあるもの。私がやっている講座などで、初対面の人同士に「相手はどういう人に見えるか」を言い合ってもらうと、意外なことを言われる人が多いんですよ。

日常では初対面の人に聞くのは難しいですので、親しい人や、さらに挨拶はするけれど、あまり親しくない人に、「私、どういう人に見える？」と聞いてみてください。

そのとき、**「いいところも言ってね！」**と言っておくと、ダメ出しだけで終わってしょげることがありません（笑）。

それを書き留めておきましょう。それは、自分では気づかなかったけれど、人には「そういう存在」として受け止められている「自分」の一部でもあります。

知らない自分も気づいてみましょう！

あなたの「ジョハリの窓」は？

開放の窓

自分も他人も
知っている自分

盲点の窓

自分は知らないけど、
他人は知っている自分

秘密の窓

自分は知っているけれ
ど、他人は知らない自分

未知の窓

自分も他人も
知らない自分

19 自分の短所は？

自分の宝物を見つける章の最後は、宝の「原石」を掘り起こすことです。
自分が思っている「短所」は、自分をしょげさせるマイナス点ではないのです。
それを宝に磨きあげるため、まずは自分のマイナス面をたくさん出してみましょう！

○自分のダメなところは？
○自信がないところは？
○けなされたことは？
○大失敗や消してしまいたい過去は？

「ダメ」なところとは、できてい「ない」と思っているということ。
自信が「ない」ことも、自分は「足りない」と思っているということ。
けなされるというのは、自尊心を傷つけられたことですよね。
大失敗も、それによって自分がマイナスを被ったから、忘れてしまいたいのでしょう。

短所というのは、すべて「ない」「失う」と思っているということです。

自分の短所は？

●自分のダメなところは？

●自信がないところは？

●けなされたことは？

●大失敗や消してしまいたい過去は？

あったものを失うのもつらいですし、足りないものを見せつけられるのも、「ない」と意識させられてつらいもの。

けれど、**「ない」と思うからこそ、「補おう」「挽回しよう」と思うものですし、そもそも「失ってなどいない」ということもあります。**

私は、人間関係で苦しんで会社を辞めた経験があります。職を失ったわけですが、それによって、とても充実している今のセラピストという道に入ることになったのです。

このように、**失ったことよりも、得たことのほうが多い**ことに気づくようになれば、消してしまいたい過去も「宝物」に転じるようにすることもできるのです。

さらに、人間関係で苦しんだ経験が、今、セラピストとしてクライアントさんにアドバイスをさせていただくためにとても役立っているのです。

今までのマイナスなことは、すべて「宝物」ですよ。

それがなぜかを、次の章で見ていきましょう！

3章

マイナスを宝物に変えていこう！

自分のダメな面、心のブロックになっていること、
苦手な人……。
自分を取り巻く「イヤなもの」は、
実は自分には必要であったもの。
その「本当の意味」に気づけば、
これから、どんどん世界一幸せに生きるための
たくさんの宝物になっていくのです！

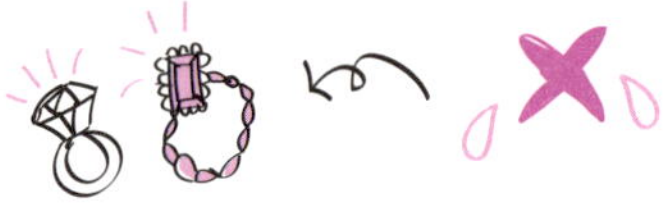

20 短所を「魅力」に変えていこう！

短所が、短所たるゆえんというのは、「こうであってほしい」と思うものより「短い」から。つまり「ない」「失っている」と思っているからです。

でも、「得た」ことを見つけると、「こうであってほしい」と思うものより「長く」なり、長所とすることができます。

その方法の一つが**「短所を裏返す」**ということ。

◆おしゃべり　↓　話題が豊富
◆おせっかい　↓　世話好き

短所をひっくり返すと、こういう面がありますよね。

59ページに戻ってみて、自分があげた短所のところに、ひっくり返したものを書き込んでみてください。マイナスのほうばかりでなく、プラスの面のほうにも目を向けてみましょう。すると……。**短所があればあるほど、長所がある！**　ということになります。

もう一つの方法が**「おかげ」を見つける**ということ。

私の友人は、「片づけられない」というのが短所だと思っていました。そして散らかった部屋を見るたびに自分を責めていたのです。けれど、片づけられなかった「おかげ」で、近藤麻理恵さんの『人生がときめく片づけの魔法』を読むことになり、片づけが上手になっただけでなく、「ときめき」を基準にした判断力もつくようになり、自分に自信がもてるようにもなったと言います。

また、「言い過ぎてしまう」と悩んでいたクライアントさんがいたのですが、言い過ぎて人間関係がぎくしゃくしたら、それを何とかするために、関係がより深くなることもあります。それで心が離れてしまうのであれば、「その程度」の関係であると分かったりするでしょう。言い過ぎてしまう「おかげ」で、人間関係がより明確になるのですね。

このようにして、短所にも価値が「ある」と思うようになると、自分のマイナスと思っていた一面を、肯定的に**「認める」**ことができるようになってきます。

この**「認める」ということが、自分を世界一幸せにしたり、人間関係をスムーズにしたり、ひいては、人生を変えるためにもとても大切なキーワードなのです！**

21 イライラしてしまうのはなぜ？

「自分にはなんで困ったことがよく起こるんだろう」

「あの人はなんであんなことをするんだろう」……。

毎日何かと、不満を感じることが起こるものですよね。


27ページの図を思い出してください。人は自分の思った通りのことが起これば、◯。満足です。

けれど、**思い通りのことが起こらないと欠けた◯のようになってしまって、その欠けた部分ばかりに目が行って、不満を感じてしまう**のです。


これが、イライラや不愉快の原因です。

けれど、そもそも「困ったこと」「あんなこと」というのは、人によって千差万別です。

電車が遅れて「遅刻しそう！」というときも、「迷惑かけちゃう、失礼と思われちゃう」と思ってあわててしまう人、「遅刻します」とメールしたら平静に戻る人、「ラッキー！もう少し携帯ゲームの続きができる」と喜んでしまう人……さまざまです。

何かに対して自分がどう「思う」か。何かが起こったら、人はどう思うかと「思って」

いるか。それによって感情は変化します。自分の感じ方や思い込みによって、○は欠けることも、そのままでも、◎になることもあるということですね。

日頃から「ある」ということに目を向けている人は、「自分は満たされている」と思っているし、短所の長所を見つけることが上手ですから、多少減ってもびくともしません。
「遅刻したくらいで、どうということはない」と思っています。

けれどそうでない人は、遅刻することで、人の時間を「失わせる」、迷惑をかけて評価が「下がる」、怒られて心の穏やかさを「失う」……「失う」ことをたくさん思いついてしまいます。それで、怖れを感じて、イヤな気分になってしまうのです。

つまり、**「感じ方」や「思い込み」が変わって、怖れを感じにくくなれば、イヤな気分にあまりならない自分になれる、**ということです。

そもそも、「思い込み」というのはどうしてできるか知っていますか？

「ある」に目を
向ければ
「満足」
「欠けた部分」に
目が行くと
「不満足」

22 「思い込み」にとらわれていない？

「こうしたらこう思われるんじゃないか」「こうなるんじゃないか」というのは、自分の作り上げた「思い込み」です。

知識や経験の少ない赤ちゃんは、床に落ちているおもちゃを、拾って舐めてしまうことも多いもの。それは、「落ちているものは汚い」という思い込みがないからです。

けれど、舐めたことをたしなめられることが続くと、「舐める」→「怒られる」という条件づけができて、「やってはいけない」という思い込みができるのです。

または、「床にはほこりがついていて汚れている」と言われたことが、「舐めてはいけない」という思い込みを作ります。

でも、部屋の床に落ちたものを舐めたところで、気分的には「うえっ」となっても、実はどうってこともないのがほとんどなんですよね。

それと同じように、**自分の思い込みも、どうってこともないことも多いのです**。

思い込みはいくつかの要素でできています。

一つは「一般化」。みんながやっているから、自分もそうしないとというものです。

それは「常識」と言われるものも多いです。「食事の前は手を洗わないと」とはよく言われますが、外から帰ってきたり、作業などで手が汚れていたりするのでなければ、必ずしもそうしないといけないわけではありません。

もう一つが「省略」です。「自分は勉強ができない」と思っている人もいるかもしれませんが、中には平均点以上を取れた教科や、いい点を取ったこともあったでしょう。けれど印象として「できない」と思っていると、できたことを省略して、「できない」と思い込んでしまうのです。

もう一つが「曲解」です。困ったことが立て続けに起こると「自分は運が悪い」と思い、それだけでなく「これからもまた運が悪いことばかり起こるだろう」と、間違って思い込んでしまうことがあります。

このように、**「思い込み」というのは、必ずしも「正しい」というものではないし、それに気づけば、思い込みを解除することも容易にできるのです！**

23 「思い込み」を見つめてみよう!

では、あなたの思い込みをいろいろ見ていきましょう。まずは、

○「自分はいつもこう」と思っていることは?

「自分から好きになった人にはフラれる」「調子に乗ると失敗する」……。どうでしょう?

○「こうでなきゃ」と思っていることは?

○「これはダメだよね」と思っていることは?

「仲良くしないと」「ポイ捨てはダメ」……。人に対して思うことではなく、「自分がこうしないと」と思っていることを、ありったけ書いてみてください!

自分の思い込み

● 「自分はいつもこう」と思っていることは？

● 「こうでなきゃ」と思っていることは？

● 「これはダメだよね」と思っていることは？

24 「思い込み」を解除しよう！

いかがですか？　たくさん出たでしょうか？

「いつもこう」と思っていることというのは、できたことを省略して、「いつもそうなる」と一般化して、「これからもそうだろう」と曲解していることも多いもの。

でも、すべてがそうだったわけではないし、これから起こることは、なってみないと分からないことなのです！

思い込んでいたことを解除する魔法の言葉があります。それは……

「それって本当？」。

この言葉を言いながら、**一つ一つ、自分の思い込みを「省略」「一般化」「曲解」をしていないかチェック**してみてください。それで、**「案外、そうでもないよね？」**と思えてきたら、その思い込みはだんだん解除されます！

また、「こうしなきゃ」というのは、「こうしないと怖いことが起こる」「悪いことが起こる」と思っていることです。

仲良くしないといざこざが起こる……と思い込んでいるかもしれません。

でもこれも**「それって本当？」**と、問いかけてみてください。

自分がガマンすれば揉めなかった、ということがあると、「ガマンしなきゃ」と思ったり、揉めたことが精神的につらかったら、またそれが起こるのを怖がったりします。でもそれは、**「望まないことが起こるのを避けるための思い込み」**なんですよね。

「こうしなきゃ」と思うことや、「こうでないとダメ」と自分を戒めている思い込みというのは、自分を窮屈にしています。ですので、こういった思い込みが多ければ多いほど、それに少しでも外れると自分を責めてしまうし、人がやっていても責めることになります。その結果、イヤな気分になることが多くなってしまうのです。

でも、仲良くしなかった**「おかげ」**で、ずるずる続いていた人間関係にすっぱり縁を切ることができるし、仲良くしなかったからといって、100％いざこざが起こるわけでもないし、「仲良くしないと怖いことが起こる」というわけでもないのです。

「それって本当？」で、自分の思い込みをドンドン疑って、どんどん「そうでもないよね！」と解除していってください！

25 「許可」をすると扉が開く！

クライアントさんで、結婚をしたいけれど、親御さんが病院通いなので、「自分がいないと」と思っておられた方がいました。そして、その思いがあるから、友人からの遊びの誘いも断りがちになり、男性との縁も遠かったのです。

けれど、「それって本当ですか？」とうかがってみると、ちょっと迷った顔をされたのです。それで、自分を解放する、魔法の言葉を言っていただきました。

「自分がいなくてもいい」と。

自分が戒めていたことを「〜してもいい」「〜しなくてもいい」と許可すること。

これはとても強い言葉の「魔法」です。

69ページに戻って、自分が「こうしないと」と思っていることを、一つ一つ「しなくてもいい」、「これはダメ」と思っていることを、「してもいい」と言い換えてみてください。いかがでしょう？　心がモヤモヤ、ザワザワしませんか？

「自分がいないと」と思い込んでいるとき、

「自分がいない」↓「親が困る」↓「そうなるのがつらい」。または、

「自分がいない」↓「迷惑をかける」↓「自分は親不幸に思われてしまう」。と思います。困ったこと、怖れることが起きるので、「こうしないと」と思ってしまうわけですが、「親が困る」「迷惑をかける」というのを、「それって本当?」と見直してみていただくと……。

親御さんによくよく確認していただいたら、「自分たちのせいで、娘が縛られるほうが、正直心苦しい」とのことだったのです。それで、思い切って、「自分がいなくてもいい」と自分の都合をもう少し優先するようにしていただいたら、彼女がやらなくなったぶん、妹さんがよく手伝うようになって、ご両親も喜ばれたそうなのです!

「こうしないと」と思っているときというのは、「何かマイナスなことが起こる」と考えています。けれど、そうでないことも多いのです。


また別のクライアントさんは、「仕事で失敗をしてはいけない」と思う気持ちが強過ぎて、空回りして失敗することがたびたびありました。失敗することで、迷惑をかけたり、自分の評価が下がるのを怖れていたのです。そのためなかなか「失敗してもいい」という許可が出せなかったので、マイナスなことが起こるのではなく、**失敗した「おかげ」でプラスなことが起こること**を考えていただくことにしました。

すると、「失敗したぶん、仕事を覚える」「迷惑をかけたら、恩返しをしようを思うから、人間関係がよくなる」「評価が低ければ、少しのことでも評価されやすい」……ということが挙がったのです。

それで気がラクになってこられて、「失敗してもいい！」とちゃんと声に出して言えるようになりました。それでどうなったかというと、のびのびと仕事ができるようになって、失敗をほとんどしなくなったそうなのです！

+±－　+±－

「～しないと」と思うと苦しくなるのは、そう戒めているのにやってしまうと、自分を責めてしまうから。さらに、マイナスなことを無意識のうちに想起してしまうから。

けれど、「失敗しても、かえっていいことが起きる！」というように、プラスの要素を見つけると、マイナスの思いが書き換えられていきます。

それによって、「失敗してもいい」と許可できると、「失敗したらどうしよう」とあれこれ思わなくなるため、かえって失敗自体を引き寄せることがなくなっていくのです。

「～しないと」を見返して、つい思ってしまうマイナスが何かに気づき、そうでなくて、「プラスのことも何か必ずある！」と見つけてから、「してもいい！」と言ってみてください。心の深いところでＯＫが出たら、その思い込みから解き放たれることができるようになりますよ。

26 怖い思い込みの奥にあるものを見てみよう

「怖れ」というのは、「失う」「ない」というマイナスなことに気づいたときに思うもの。あなたが「こうしないと」と思い込んでいることは、そうしないとどんな「怖いこと」があると怖れているのでしょうか？　おそらくそれは、二つに分かれると思います。


一つは、**「人」に不利益なことを起こす**こと。

もう一つは、**「自分」に不利益なことが起こる**ことです。

親御さんのために「自分がいないと」と思っていたクライアントさんの場合は、「親を困らせる」「自分が親不幸と思われてしまう」という怖れがありました。

さらにその奥の怖れを見ていきましょう。

親を困らせるのが怖いのは、自分のせいで迷惑をかけるのが心苦しく、また自分がやるべきことを果たしていないと、自分がよく「ない」ことをしていると思うからです。

しかも、親不幸と思われることで、自分の評価が下がり、親や他の人から嫌われてしまうことも怖ろしく感じてしまいます。

自分がよく「ない」、人から嫌われる……。それが怖いのは、自分への信頼をもてなくなるし、人とのつながりが切れるからです。

人には、自分を好きになりたい、人とつながっていたい、という気持ちがあります。

ですので、そうできなくなることを怖れるのです。

そのため、自分のことをあまり好きでなかったり、人とのつながりをあまり実感できていない人のほうが、「こうでないと」と思い込みにがんじがらめになってしまいます。

だからこそ、2章のレッスンをしっかりやって、**自分で自分を認め、人とつながっていることを実感することが大切**になります。

また、「怖れを避ける」ことから**「喜びに生きる」**ということにシフトチェンジすることもできますよ。

それは、**「怖れの奥の喜び」を見つけること**です。「親のために、自分はガマンしないと」と思うのは、ガマンしないと嫌われてしまう、という怖れを避けるためにやること。

でもそれは、「親が心地よいことが嬉しいから」やっていることでもあるんですよね。

そのことを思い出して、いつも「親のためにできて嬉しいな！」という気持ちでやるようにしたら、喜びに生きることになります。

そして、そういう意識でいると、友達からの誘いがあったときにも「ガマンしないと親に悪いから」という気持ちで断るのではなく、「親のほうがもっと大切だから！」ということで断ることできて、気持ちも晴れやかですし、親も気兼ねしにくくなります。

さらにそうしていると、すごく行きたいお誘いがあったときには、「親に迷惑をかけても、それで嫌われてしまうことはない」という信頼がありますから、やりたいことを優先できるようにもなるのですね。

「自分は満たされていて、いい流れとつながっている」と実感しているとき、人は多少失うことがあっても、怖れません。ちょっと困ったことがあっても、「私は大丈夫」と思うことができます。そして少々人といざこざがあっても、「こんなことくらいで信頼関係は崩れない」と思い、すねることもないので、つながりも切れません。

さらに「自分は運がいい」と思っている人は、自分を守ってくれたり、ラッキーなことを起こしてくれたりする、**「見えない力」**とのつながりも信じています。なので、トラブルが起こったときも、「私は見放された」と怖れることがなく、**「これは必要だから起こっているんだ」**と思うので、前向きに行動して、いい結果を引き寄せるのです。

「自分」「人」「見えない力」。あなたは、どのつながりがあやふやですか？
まずは**「自分」の「ある」をたくさん見つけるようにしてみてください。**
そうすると、「自分なら大丈夫」と自分への信頼が高まって、人とも見えない力とも「つながっていいよね」「つながっているからだよね」と思えるようになってきます。すると、怖れることが減っていくのです！

27

後悔していることはありませんか？

あなたが後悔していることはありませんか？　あんなこと、やらなければよかった。黒歴史……。それを書いてみてください！

後悔していることは？

プラスのことがある過去のことは「よい思い出」になります。けれど、それによって不利益を被った、というようなマイナスなことがあると「後悔すること」になりますよね。でも、もし、その選択をするべきでなかったのなら、自分の第六感が働いて、別の選択をしたはず。それが働かなかったのなら、**「魂レベル」でGOサインが出た**からなのです。

マイナスなことが起こったことをも、「それって本当にマイナスなこと？」と問いかけてみてください。

後悔した選択でも、それによって**「得たこと」「ためになったこと」「学んだこと」**はありませんか？　省略したり曲解したりせずに確認すると、きっと見つかりますし、それで**マイナスよりもプラスのほうが大きくなれば、過去は書き換えられますよ！**

28 怒りをヒントに変えていこう

ムカッとすることもありますよね。怒りもイヤな気分ですから、何かを「失った」と感じているということです。

あなたが怒りを感じるのはどんなことですか？

怒りを感じることは？

怒りというのは、**「こうであってほしい」**ということが叶わなかったときに感じるもの。職場を出ようとしたのに、仕事を言いつけられた、というのがそうでしょう。

また、「今やろう」と思っていたのに、「早くやって」とせかされて、ムッとしたこともありませんか？　自分でも**「こうしたほうがいい」**と思っていることをやっていないという自責の気持ちがあると、「自分が悪い」という気持ちを外に反発させて、相手に怒りをぶつけてしまうこともあります。

「Aさんのことが好きなんじゃない？」と**図星**を指されても、本心を知られてからかわれるのが怖いと、「違う！」と怒りで返してしまうこともあります。

怒るときというのは、「思い通りにならない」「自分のマイナスな気持ちを隠したい」という気持ちがあるときに起こります。

あなたの怒りの奥にあるのはどちらでしょう？　それぞれについて考えてみてください。それに気づくと、「ああ、自分はこうしたいと思っていたんだな」「本当はこうしたほうがいいんだよな」「私はこういうことを怖れているのか」ということを分析できるようになります。

それをヒントにすれば、相手を責める代わりに、**「じゃ、こう考えるようにしてみようか！」**と思うようになって、心のコントロールが上手になれるのです。

29 苦手な人を応援団に変えていこう

生きていくために、どうしても避けて通れないのが、人間関係。すべての人が、自分に優しくて心地よければ天国ですが、苦手な人が多かったら地獄ですよね。

けれど、「怒り」と同じように、人を「苦手」と感じるのも、自分の心。**自分の心次第で、苦手な人を苦手でなくすることも、それどころか「応援団」に変えていくこともできる**んですよ。

まずは、あなたの苦手な人、傷つけられた人、許せない人を書き出してみてください。そのときのことを思い出すので苦しくなってしまう作業だと思うのですが、その理由も一緒に書いてみてくださいね。

苦手な人、傷つけられた人、許せない人は？

苦手な人や傷つけられた人というのは、自分の思い通りになってくれない人や、自分がしてほしくないことをして、マイナスなことを被らせた人のことです。

平穏に過ごしたいのに、イヤミなことをされたり、傷つけるようなことを言われたりされたりすると、心の平安が奪われます。それが強烈であればあるほど、傷がえぐられるの

で怖れを感じます。それが少しだったら「苦手」、もっと大きかったら「傷つけられた」、さらにその失われた分を取り戻すために「償わせたい」と思うと、「許せない」と思うまでになっていくのです。

もちろん、そこまで思うくらい、追い詰めることをした相手に責任があります。

けれど、同じことをされても、「どうってことないよね」と思う人もこの世にはいるのです。だから**「どうってことない」と思える自分になれば、自分の力で、苦手な気持ちを弱めたり、なくしたりすることもできる**んですよ。

クライアントさんで、新入社員のときに、同じ部の先輩に、いじめのような強烈な指導を受けた方がいました。口ぐせは「大卒のくせに、こんなこともできないの？」で、自尊心を傷つけられるし、一度教えたことは二度と教えてくれず、彼女が困っていても知らん顔。「あの人は高卒なので、やっかんでいるんだ」と思って気持ちをおさめようとしてもとても足りなくて、どんどん仕事に行くのがつらくなっていったのです。

でも、彼女は負けず嫌いでもありました。

「苦手な人のおかげで、気がついたことや得たことやためになったことがあれば、それはプラスを増やすことになりますよ」と私がアドバイスしたことを聞いて、「あの人をバネに、デキる人になります！」と、教えられたことは必ずメモを取り、さらにもう二度とそれに関して聞かないで済むように、疑問点もそのときに確認するようにしたのです。

すると……。「私、けっこう仕事を甘く見ていました。分からなければ教えてもらうのが当り前で、教えてくれない向こうが悪いと思っていましたが、本気でやればちゃんと覚えられるんです。それにイヤなこと言われないで済むように確認もきちっとする癖がついたせいで、ミスも他の同期よりも少ないんですよ。これはあの人のおかげなんですよね」

と言えるようになったのです。


失ったことよりも得たことのほうが多くなると、感謝できるようになります。

すると、「苦手な人」は、自分にマイナスなことをすることで気づかせてくれる、**「マイナスの恩人」**に格上げ（笑）することができます。そうすると、**「こうしてほしい」という気持ちも減るので、「許せない」という気持ちも小さくなっていく**のです。


この話には続きがあります。クライアントさんが、「先輩のおかげで、仕事を早く覚えることができました。ありがとうございます」と心を込めてお礼を言ったら、先輩も自分のことを話してくれたそうです。「私は、家の事情で進学できなかったから、チャラチャラ大学に行って、そのノリで仕事もしようとしているコを見るとイラッとしてしまうの」と。けれど彼女が一生懸命やるのを見て、「悪かったわ」と謝り、それからは仕事のサポートを快くしてくれたり、かばってくれたりする「応援団」になってくれたそうです。

もちろん、苦手な人の「おかげ」を見つけて感謝することができても、傷ついた記憶が強すぎる場合は、なかなか「好き」とは思えないものです。そんなときは**「キライ」でいてもいいんですよ**。頭では納得できても、感情はすぐにはついていかないもの。でも、頭で納得するだけでも、自分の雰囲気が変わるので、相手も変わってくるものです。

どうしても苦手な、許せない人は、「反面教師！」と思ってみましょう。

「あの人は『ああなってはいけない』ということを私に教えてくれるために、あんなに根性が悪い人生を選んでくれたんだ。私のために、ゆくゆくはその報いを天から受けることも辞さないなんて、とてもマネできない！」と心の中で拝んでしまいましょう。

どうやっても許せないことをするような人は、必ず何らかの形で「やったことが還ってくる」ことになります。その裁きは天に任せて、その人にとらわれている自分を解放しましょう。

あなたがより幸せになるためのチャレンジとして、その人はいてくれるのです！

30 過去の自分に引きずられなくていい！

入学式のときに隣の人に話しかけたら、言ったことが気に入らなかったのか不機嫌になられてしまって、卒業まで嫌われたままだった……。そんなことを経験すると、人に話しかけるのが怖くなってしまうこともあるでしょう。

そうすると、大人になってからも恋愛のときになると決まってそれを思い出してしまって、相手に話しかけることができないまま、なんてことがあるかもしれません。

過去の心のクセはなかなか抜けないもの。でも思い切って、捨ててしまいましょう！

過去の自分と今の自分。同じところもあるけれど、違っていることのほうが多いですよね。そして、たった3分先の自分だって、今の自分とは違っているのです。

うまくいかなかったことがあったら、それは**「これから、やり方を変えればいいだけのこと」**。

それに、人は失敗をするとすぐにあきらめてしまうものですが、失敗した回数というのは2～3回だったりするのです。たいていのことは、10回試行錯誤するとできることが多いもの。

トライ&エラー。5回失敗したら、「あと5回で成功する！」と思っていたら、きっとその次くらいで成功しているのです。ですから、1回失敗したら、**「やり方見直し、あと9回！」**と、グッと握り拳を作ってみてください！

また、うまくいかないことが多くて「自分に自信がない」と思っている人もいるかもしれません。でも、その人は絶対的な自信をもっているんですよ。

それは、「自分には自信がない」という自信です（笑）。

つまり自信がない自信に満ち満ちている自信家でもあるんですよね！

自信をもてないことなんてないんです。**自分がやってきたことを改めて見直して、「自分、やるじゃない！」と思う回数を一つ一つ重ねていきましょう。**

本当の自信がどんどんついてくるようになります！

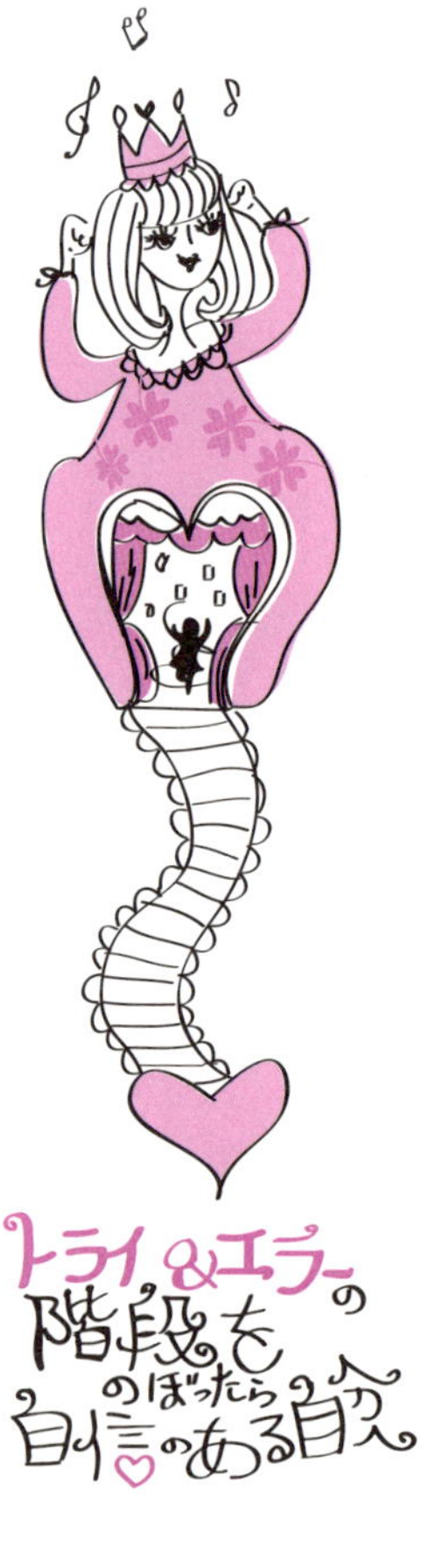

31 お金のブロックに気づこう

「ステキ！」と思ったワンピースを値札を見て諦めたり、やりたくない仕事でも生活のためガマン、と思っていたりするとき、そこには「お金のブロック」があります。

「欲しい・やりたいけれど、お金がないのでムリ！」と思っているものはありませんか？

「お金がないのでムリ！」と思っているものは？

「お金がないからできない」と思うとき、確かにお財布の中身や貯金が足りない場合もあるでしょう。でも、お金の余裕があっても、やらない場合もありますよね。

それは、「お金がなくなると先々困る」という怖れの思い込みがあるからです。
今の貨幣社会だと、**「お金＝生活」**ですから、お金が減ると生活が苦しくなって、「生きていけない」という、最も根源的な怖れ、「生存」への不安まで無意識に思ってしまいます。そのため、減ることをいつも怖れているので、ものを買うときに、「ものを得た」ということより、「お金を失った」ということに意識が向いて**「○○円もとられた」**と言ってしまったりするのです。

でも、「お金が減ったら、もっと稼げばいいのよね」と、お金は「入ってくる」「ある」と思っている人は、お金を使うことに躊躇しません。さらに**「お金は、たくさん出せば、たくさん還ってくる『回す』もの」**と思っていて、寄付をすることに意欲的な人もいます。

そういう人たちは、**自分は「豊かさ」とつながっている**と信じています。そして、「豊かだ」と思っているからこそ、豊かさを自然と引き寄せるようにもなっているのです。

けれど、お金が減ることを怖れていると、「ない」という思いがあるから、思った通りに「あまり収入が上がら『ない』」ということを引き寄せることにもなるのです。

だから、**「自分には、必要なお金がちゃんと『ある』」**と確認してみましょう。

来てもいない未来を怖れる代わりに、「今もちゃんとある」「未来もちゃんと入ってくる」

と、まずは「ある」ことに自分にシッカリ気づかせるのです。

そうしていると、お給料日前にお金が厳しくなっても、ビクビクする代わりに、安い食材で美味しい料理を作る工夫をしたりして「やっぱりちゃんとある！」と思えます。それで「だからこれからも大丈夫！」と思うようになると、お給料が上がらなくても、やりくりが上手になるので、お金が貯まるようにもなるのです。しかも、ギスギスしません。

また、ものを買うときに「お金がないから、この程度にしておかないと」と思うのでなく、**「世界一幸せにしたい人にプレゼントしたいのはどれ？」**と、ときめくものを選ぶようにしてみましょう。ものは、あなたにエネルギーをくれるもの。

大切な自分を、適当なものでごまかすのは自分に対する冒涜《ぼうとく》です！

「世界一幸せにしたい人」にプレゼントするのにふさわしいものであれば、思い切って手に入れることをお勧めします。きっと大切にするし、それを使うたびに「自分を幸せにしたいから、手に入れたんだ」と自分を尊ぶ嬉しい気持ちになることができます。

また、「ちょっとデザインは気に入らないけれど、値引き率が高いから」というものは、「幸せにしたい人」にプレゼントしようと思いませんよね。ですので、かえってムダ遣いをしなくなったりするのです。

すごく欲しいし、それがあったら、見るたびに幸せな気持ちになれると、「ハート」が感じるのであれば、「アタマ」が、起こってもいない未来に「困るかも」という怖れを喚起させるのを、**「それって本当？」**と問いかけて、大人しくさせて、手に入れてみましょう！

私はそうしてバッグを買ったことがありますが、やっぱりお気に入りなので、使うたびに幸せな気持ちになれて、本当にいい買い物をしたと思っています。

得るものの価値をちゃんと確かめて納得して、**「これでお金を使っても、他のところで守れば大丈夫！」**と自分に約束して、**「やりたいことをするお金はちゃんと『ある』！」**と、豊かさとのつながりを思っていれば……。

「ある」状態が引き寄せられることになり、欲しいものが割安で手に入ったり、プレゼントされるようなミラクルだって起こるようにもなるのです。

減ることを怖れる代わりに、「豊かさとのつながり」を思い、お金と仲良くなりましょう！

32

うまくいかない恋愛パターンを見直そう

ラブラブな恋愛をしていたり、安心できるパートナーシップを築いているのならいいのですが、なかなかいい恋愛をできないと悩んでいる人も多いものです。

そういう人に質問です。

うまくいかない恋愛パターンや、思い込みはありませんか？

うまくいかない恋愛パターンは？

「付き合った人に、いつも浮気をされてしまう」とか、「いつも、ダメンズばかりを好きになってしまう」……。2回以上続くと「いつもそうなる」と思ってしまうことがあります。でもそれも、未来を勝手に「曲解」しているだけ。

さらに、「また起こる」と思ってしまうと、「見えない力」は本当はそうしたくないのに、思ったとおりのことが起こるように、引き寄せる力をふるってくれたりしてしまうのです。

「付き合うと、こんなマイナスなことが起こる」と考えていることはありませんか？

付き合うとことによって
起こると考えるマイナスなことは？

結婚相談所で講座をしたときに皆さまにお聞きしたら、「結婚すると家事をもっとやらないといけないのがおっくう」「自分で使えるお金が減ってしまうのがイヤ」「家同士の付き合いが大変そう」……。皆さま全員、何らかのマイナスを思っておられたのです。

思ったことは引き寄せられるものですから、**「こういうマイナスがあるよりは、今のほうがいい」**と心の底で思っているからこそ、すぐには結婚できないように、なかなかいい相手と出会うことができない、ということを引き寄せていたりもするのです。

「どうせまたダメ」と思っていたり、「本当は1人のほうがいい」と思っていたりしてはいませんか？　その思いこそが自分の現実を作っているのです！

そのとき、「自分なんて」という気持ちがあればあるほど、幸せな未来を手にする自分を信じられず、「どうせ」と思ってしまいがちです。

でも、**人生はさまざまな経験を楽しむものでもあります**。今まで「どうせ」な自分を経験していたなら、これからは、「いいじゃない！」という自分を経験することに、自分でOKを出してみましょう。そのための魔法の言葉はこれです。

「いい恋愛、いい結婚をして、もっと幸せになっていい！」

声に出して言ってみましょう。今までの自分がイヤだったからこそ、これからの自分を楽しみにしていきましょう！

33 将来の不安を希望に変えていこう

あなたが、「自分にこんなことが起こったら怖いな！」と思っていることは何ですか？

自分に起こったら怖いと思っていることは？

病気になってしまうことや、将来の生活の不安など、考え出すとキリがないかもしれません。でも、未来は未定。そのときにどうなっているか分からないことの、起こってほしくないことのほうばかりを思っていたら、それがドンピシャリ引き寄せられてしまいかねません。それぞれの項目を、「望むこと」のほうに書き換えてみましょう。

◆病気になる　↓　ずっと健康

◆将来の生活が不安 → 豊かで充実した将来……

知り合いのご夫婦の話なのですが、2人で体にいいと言われているサプリメントを飲んでいました。奥さんは、「これを飲んでおかないと病気になるから」と言い、ご主人は「これを飲むと元気でいられるそうだから」と言っていたのです。すると、奥さんのほうが先に体調を崩されてしまったそうなのです！

不安を現実にしては元も子もありません。不安に思うのは、「こうありたい」ということがあるから。「ありたい」のほうに思いをフォーカスさせていきましょう！

あなたが「自分にはどうせムリ！」と思っていることは何ですか？

どうせムリと思っていることは？

「ピッタリの人となんて出会えない」とか、「お金の心配から解放されることなんてない」とか、「今から医者になるなんてムリ」とか、いろいろあるかもしれません。

でもそれも、「思い込み」。

まずは**「そう思っているから、そういう現実を引き寄せてしまっていたのかも」と思って、「望まないこと」にフォーカスするのをやめましょう。**

そして、**「それって本当？」**と、自分の思いが「一般化」「省略」「曲解」していないかチェックします。さらに「出会えてもいいよね」「解放されてもいいよね」と、**「～してもいい」**と許可していくと……。

怖れのガードが外れて、「ムリ！」と思っていることを**「なってもいい！」**に変えていくことができます。

大切なのは、**書き出してみること**。頭でもんもんと思っていると、大きなことに感じてしまいますが、不安やムリと思っていることも、案外少ないもの。

それを書き出して一つずつ解消していくと「ぼんやりとした不安・怖れ」から解放されていくのです！

34 「うまくいく」怖れを手放そう

うまくいかないことは怖いけれど、幸せすぎても怖くなることがありませんか？

怖れを上手に解消していって、マイナスなことやネガティブなことが気になりにくいメンタルになってくると、自分のことを好きになれたり、苦手な人がいなくなったり、幸せな未来を信じられるようになってきます。そしてその気持ちがあるからこそ、幸せなこともたくさん引き寄せることができるようになるのですが……。

得たからこそ、「失う」という怖れが生まれます。さらに「うまくいき過ぎると怖い」「幸せ過ぎて怖い」という気持ちをもつこともあるのですね。

けれど、**「うまくいき過ぎると、しっぺ返しがくる」というのも、思い込み**。そう思うからこそ、「しっぺ返し」を引き寄せてしまったりもするのです。

クライアントさんで、せっかくいい人が彼氏になっても「いつか、飽きられてしまうんじゃ」といつも思ってしまい、ぎくしゃくしてしまうので、毎回うまくいかない人がいましたが、それも同じ。

幸せやうまくいくことを怖れてしまう人は、「幸せ感」に慣れていないため、幸せを手にしてもすぐに失うことを考えてしまうのです。

嬉しいことがあったら、思いっきり味わって楽しみましょう。そして幸せにしてくれる相手に感謝して、さらにそういうことを受け取れる自分を「いいね！」と褒めてみましょう。**「自分は幸せになるのに値する」**と思っていたら、幸せな状態が怖くなくなります。

そして、ウキウキとした気分をキープし、相手に**「いつも楽しませてくれてありがとう！」**と心からの気持ちを伝えていたら、飽きられてしまうことはありませんよ。

ラッキーなことやチャンスがやってくるのは、それはあなたが受け取る必要があるから。

心の扉を「パカッ」と開くつもりで、受け取りましょう。

受け取り上手になればなるほど、幸せはやってきます。そして失うこともなく、さらにいろいろな幸せを受け取ることができるようになります。

あなたは、たくさんの幸せを受け取って、「世界一幸せ」になる価値がある人なのですから！

4章

「ときめき自分マップ」を作ろう

自分がたくさんのものを得て、
マイナスと思ったものも宝物に変え、
これからさまざまな幸せを受け取れることが分かったら、
「世界一幸せになる自分」が
受け取りたいビジョンを描いてみましょう。
それは、あなたに実現してもらうのを待っています！

35 望むことを上手に引き寄せる秘訣

「自分はでき『ない』」、「人や豊かさとつながってい『ない』」……。そういう、自分で自分を縛っていた「思い込み」を開放していけば、あなたは「見えない力」の応援をもらいながら、「こうなりたい」「こうしたい」ということを、ぐんぐんと実現することができるようになります。

私だって、よもや自分が18冊も本を書ける人になるとは、思ってもいませんでした。けれど、そういう思いもしなかったことであっても、自分には起こるのです。

望むことを引き寄せる秘訣の一つは、**「怖れを和らげる」**ということです。

せっかく「こうなりたい」と願いを放っても、「うまくいかなかったら」「こうなってしまったら」と思うと、そちらのほうが叶ってしまいます。

ですから、「うまくいかない」という「ない」怖れを感じたら、「それって本当?」と確認して、「やればできるってことも『ある』よね」「少しはうまくいったことが『ある』よね」と、「ある」を見つけて、怖れを弱めていきましょう。

次に大切なのが、**「ときめくかどうか」**です。

「コレ!」と思ったときに、ハートから感じているか、それともアタマが「こうすれば

自慢できる」「これならできそう」と打算をしていないかチェックしてみます。頭が損得勘定をし始める前に、すごく心がワクワクして嬉しい気持ちになるものであれば、それは**「いい未来の先取り」**です。後からわいてくる怖れの気持ちを上手に弱めて、やっていきましょう。そのためには、心の動きに、日頃から注意深くなっておきましょうね。

そして、「軽やかに思うこと」。

「こうならなきゃ」と思いつめ、執着するのは、「こうならないと怖い」という怖れも引き寄せてしまいます。ですから、願うことは、**「こうなったらいいな。楽しいだろうな」**と軽やかに、楽しい気持ちで思うほうが、怖れることなく、願いを放てます。

それで、「こうなってもいいよね！」と、ときめきながら喜びながら、ワクワクしながら思えたことであれば、「やっぱりダメか……」というようなことを思わない限り、時間は最適のタイミングになるまで多少はかかることが多いですが、天へのオファーがちゃんと通っていますから、叶いますよ。

「世界一幸せにしたい自分」の未来を、楽しく自由に描いていきましょう。

これはあなただけのノートです。人が見たら笑ってしまうような「妄想」だって爆発させてしまいましょう。描きながらニヤニヤするくらい楽しかったら、その妄想はさまざまな形で叶っていきますよ！

36 「ときめき自分マップ」の作り方

ではいよいよ、あなたのマップをいろいろ作ってみましょう。「マインドマップ」式だと、左の真ん中の絵のように、叶えたいことを中心に思いついたことの枝を伸ばし、さらに連想することの枝を伸ばしていきます。**カラーペン**で強調したいところの色を変えたり、**イラストを描き込んだり**してもときめき度が上がりますよ。

「宝地図」式だと、**「こうなりたい」**と、心からときめくことの**画像**や**写真**を用意して貼り付けていきます。叶えたいことのイメージがより脳に刻みこまれて、そうなるように、潜在意識のほうからの働きかけも強まっていきます。

このノートでは小さければ、拡大コピーをして、それに描いていきましょう。

気に入ったものは、毎日このノートを見たり、その部分のコピーをとって目につくところに貼っておきましょう。見るたびにときめいていたら、実現も早まりますし、ときめくことで、体のホルモンも活性化して、キレイで健康になるというオマケ付きです。

プラスしたいことがあったら、気づいたときに書き加えましょう。叶ったことは**「叶いました！」**と赤丸をつけます。

さぁ、あなたの毎日をときめきに変える魔法のツールを作りましょう！

ときめき自分マップの作り方

キーワードを書き出す

言　葉…　漢字、ひらがな、アルファベットを交え、あなたの言葉で。

数　…　具体的な目標を数字化（月収100万円、3ヶ月で痩せる…など）。

線　…　思いついた言葉から連想できる限りを線でつなぐ。

形　…　思いついたアイデアやヒラメキを形やイラストで表現しても◯。

色　…　カラフルなペンを使って、自分の頭の中を整理整頓。

イメージと連想させていく

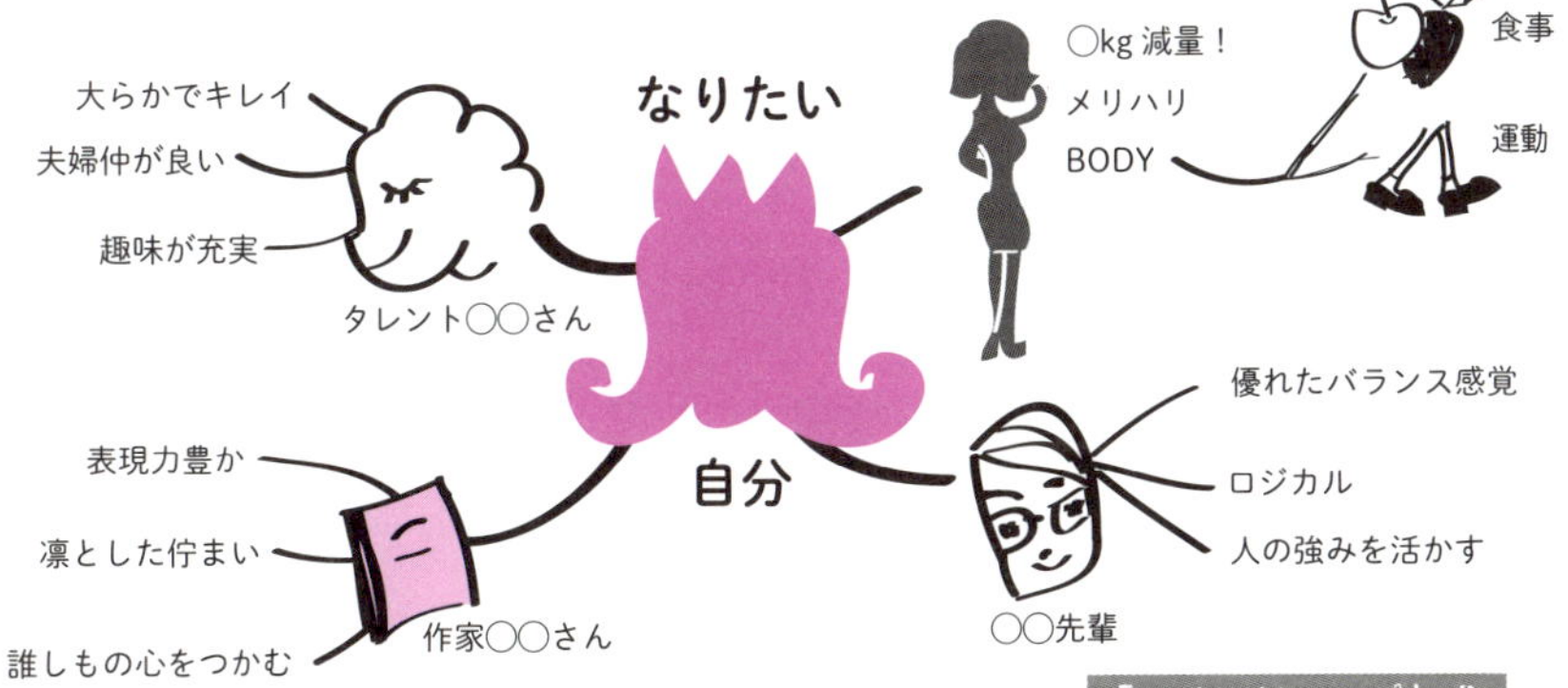

「マインドマップ」式

イラストや写真を貼り付けて！

「宝地図」式

TOKIMEKI Q question

あなたはどういう人になりたいですか？
憧れている人、尊敬する人、その要素などをマインドマップ式に描いてみましょう。
白い面には写真を貼ったり文字を書いたり、自由に！

37 「なりたい自分」

ときめき自分マッピング

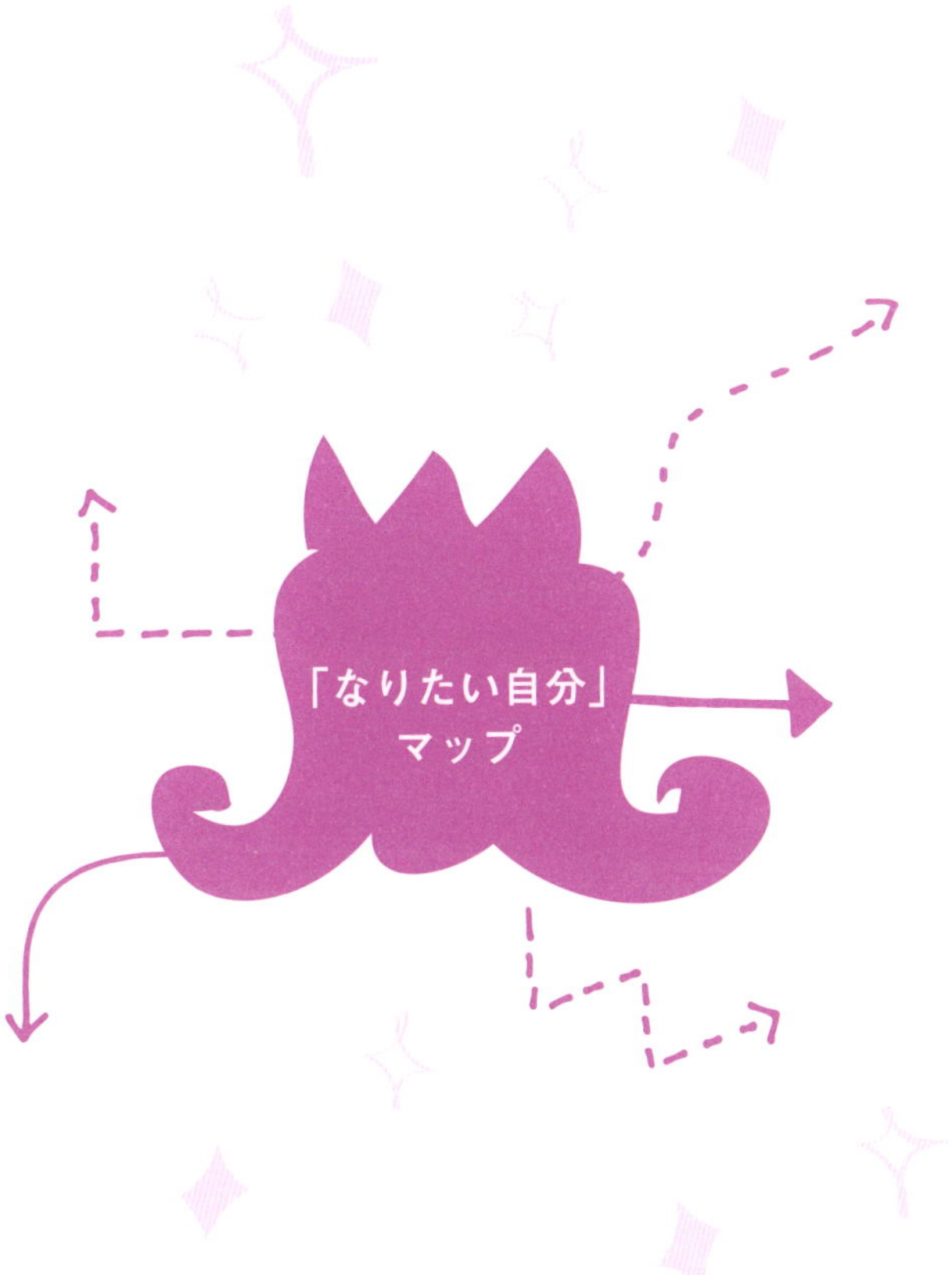

TOKIMEKI Q question

あなたがこれからやってみたいことは？
行きたいところ、体験したいこと、チャレンジしたいこと……。
「どうせ」という怖れを解除して、ありったけ描いてみましょう！

38「やってみたいこと」

ときめき自分マッピング

TOKIMEKI Q question

あなたはどんな仕事をしたいですか？

仕事とは、「人の役に立つことをして、その報酬を得ること」。自分を使って、人にどんなことをしたら、自分らしく幸せでしょうか？

39「ときめく仕事」

ときめき自分マッピング

TOKIMEKI Q question

あなたはどんな恋愛をしたいですか？
彼氏はどんな人？
どんなところでデートをしたい？
2人でどんな時間を過ごしたいですか？

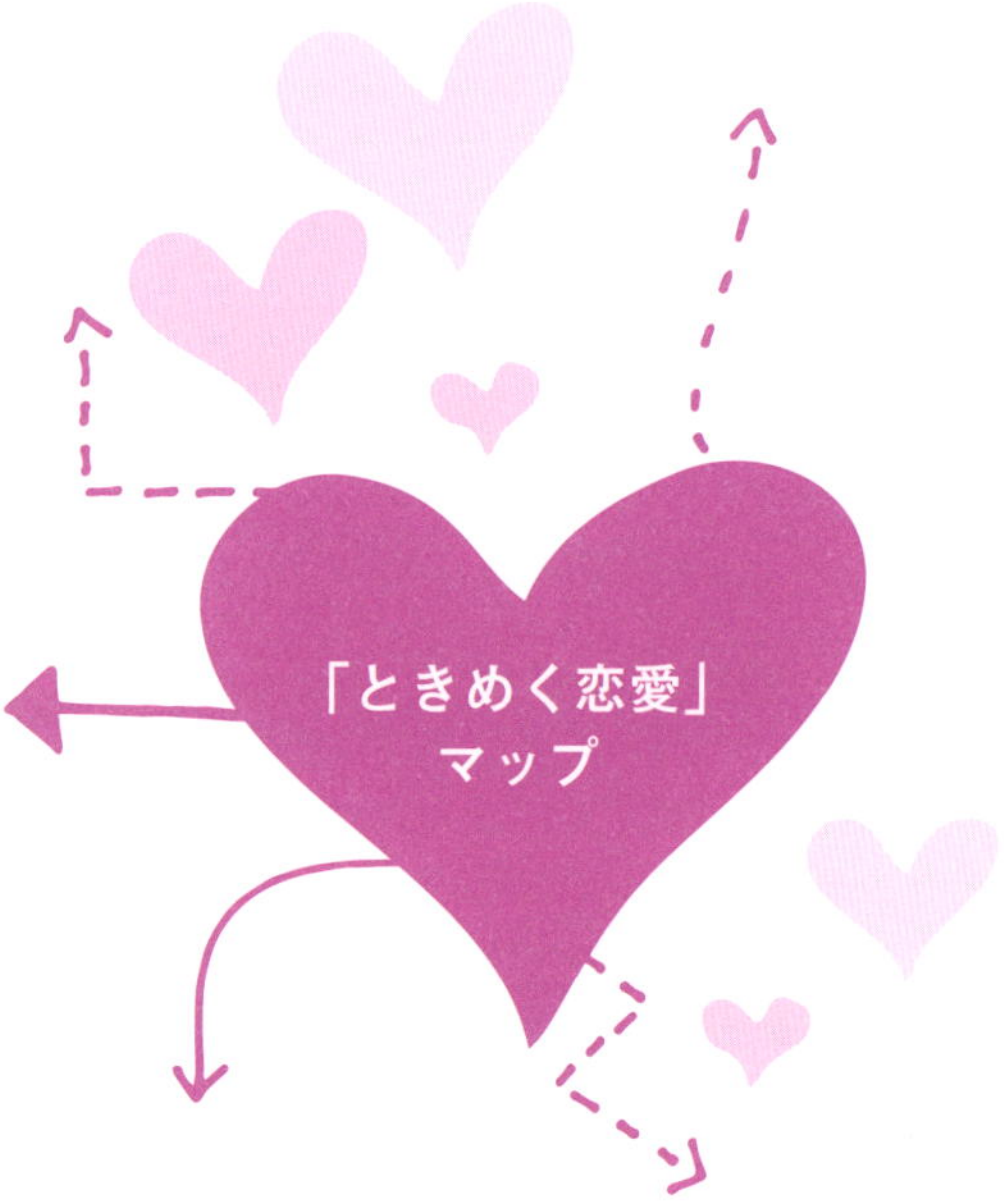

40「ときめく恋愛」

ときめき自分マッピング

TOKIMEKI Q question

恋愛と結婚はちょっと違います。
結婚は一緒に生きていくこと。
人生のパートナーはどういう人がいいですか？
どんな家庭を築きたいですか？　どんな家に住みたいですか？

41 「ときめく結婚」

ときめき自分マッピング

あなたが手に入れたいものは何ですか？

「自慢できるから」という見栄や、「私の収入ではこの程度」というような思い込みを捨てて、「自分を世界一幸せにしてくれる」と、ときめくものをありったけ書いてみましょう！

42「もってみたいもの」

ときめき自分マッピング

TOKIMEKI Q question

あなたがこれから、友人にしたい、ご縁をもちたいと思うのはどういう人ですか？　その人から何を得たいのでしょう？

何をしてあげたいのでしょう？

43「囲まれたい人」

ときめき自分マッピング

44 夢の実現を加速させるには

描いてみて、いかがでしたか？　ニヤニヤ、ニコニコしながら描けたでしょうか。しかめっ面になったり、悩んだりしていたのなら、それは「こうしないと」というような損得や打算を「アタマ」で考えていた可能性がありますよ。そういうことは、実現するのにちょっと時間がかかるかもしれません。

描いた夢を実現させるコツは、まずは**「信じて任せること」**です。うまくいかないことを思えば思うほど、実現は遠のきます。コンサートに行くチケットを手に入れても、開催されるか不安になったりしませんよね。それと同じように、楽しみにしていましょう。

もう一つは、**「感度をよくすること」**です。思ったままのことが、すぐに叶うことはあまりありません。「理想の彼」を思い描いても、ドンピシャリの人がすぐには現われないものです。でも、飲み会に誘われる回数が増えたり、電車の乗客で「いいな！」と思う人が増えて、ときめく機会が増えたりという、小さいことから叶っていくのです。

「ドンピシャリの人」でないから、「叶わない！」と思うのでなく、**感度をよくして、ほんの少しでも動きがあれば気づいて、「近づいている！」と喜びましょう**。そうすると「ダメかも」という小さな怖れが消えて、「本当にそうなる！」という確信になり、その思いが実現を早く引き寄せるようにしてくれるのです。

さらに、「動いてみる」ということも大切です。ふと、しばらく会っていない人の顔が思い浮かんだら、「たまたまかな」と思ってそのままにしておかず、連絡を取ってみましょう。それは、「見えない力」からのインスピレーションであることも多いのです。

私もときどきくるそのインスピレーションに従って行動してみると、その人からいいご縁がつながったり、欲しかったチケットを譲ってもらったり、という嬉しいこともよく起こるんですよ。

水面は、何もしなかったら何も起こりません。けれど、動けば必ず何かは起こります。インスピレーションの感度に自信がなかったら、**「とりあえず動いてしまう」**ということをしばらく続けてみるのもいいですね。

あるクライアントさんは、飲み会に誘われたのですが、あまり気乗りがしませんでした。でも「とりあえず動く」ということにしていたので行ってみたら……。隣の席の男性と話が合い、その後、結婚することになったのです！　しかもお相手も「気乗りがしなかったけど、とりあえず来てみた」のだそうですよ。

動くことは、どっちに転んでも自分の人生を豊かにすることです。とりあえず、やってみましょう！

45 期限を決めてみよう

叶うものというのは、2種類に分類されます。

一つは、**思っただけで叶えられるもの**。

もう一つは、**自分の積み重ねがないと叶えられないもの**です。

「海外旅行に行く！」という夢だったら、デパートの福引きで、見事1等賞・副賞「ハワイ旅行」！　ということが、「見えない力」のサポートで叶うこともあります。

けれど、「海外の友達を作りたいから、英語をペラペラになる！」というスキル的なことは、どんなに思っても願っても、「英単語を覚える」といった自分の行動なしには叶いません。そして、海外の友達を作る喜びよりも、単語を覚えるおっくうさのほうが勝ったり、すぐに必要なことでもないと、なかなか行動につながらず、結局「夢は夢のまま」に終わってしまうのですね。

ですから、スキルアップ系の願いは、**「それを実現した自分がどれだけ楽しく、幸せか」**というのにどれだけ強烈にときめけるかがキモになります。

嬉しくてドキドキするくらいだったら、「やりたい！」という気持ちに火がついて、行動せずにはいられなくなるでしょう。ですから**「ときめき自分マップ」にも、それが叶っ**

た自分が、どれだけ楽しくて幸せでステキかを書き込んでおくと、思ったときのモチベーションを保ち続けられます。さらに、ちょっとうまくいかないことが起こっても、すぐにあきらめたりせず、**「あのときめきは、未来の先取りなんだから！」**と思って、へこたれることがないので、さらに上達するようになるのです。

そうしたら、次に**期限を決めてみましょう**。期限を決めると、潜在意識で、それを達成するための逆算をし始めます。すると、「半年後にこうなっていたいから、今月はこうして、今週はこうして、今日はこうして」とやることが明確になっていきます。

それだけ意識が「叶うこと」にオッケーを出していたら、「見えない力」も、「この教材がいい」「この方法がいい」「この店に、仲良くなれる外国人がいる」ということを、インスピレーションで教えてくれて、夢の後押しをしてくれるんですよ。

「ときめき自分マップ」を見返して、叶った自分をイメージするだけでなく、どんな気持ちでいるのか、周りの人から何と言われているのか、どんな香りがするのかなどなど、**五感でもその自分をときめきながら感じてみましょう**。そしてどんなにワクワクするかも味わってみましょう。それから、それぞれに期限を書いてみましょう。潜在意識と「見えない力」が働き始めますよ！

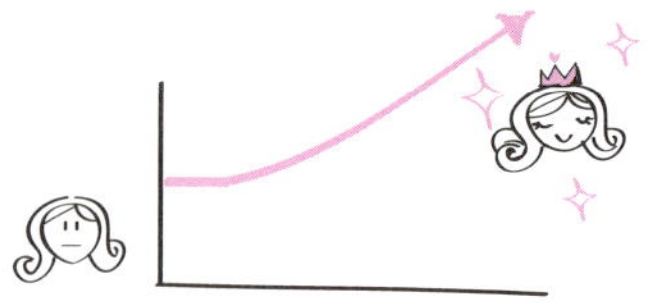

46 今日から何をする？

折れ線グラフをイメージしてみてください。

昨日の自分と今日の自分が変わらなければ、数値は0のままです。

けれど、**たった1でも積み重ねていけば、必ずグラフは右肩上がりになる**んですよね。

そして、やがて目標値に到達するのです。

欲しいものを得るため、なりたい自分に近づくため、**今日からできることは何でしょうか？**

とくに「コレ！」というものについて、**「行動リスト」**を作ってみましょう。そして、やったらチェックをして、**「夢に近づいている！」**という感覚を味わってみてください。

それが気持ちよければよいほど、意欲がわきますし、夢も近づいてきます。

手帳やカレンダーに、夢に近づくアクションをしたら、花マルをつけたり、シールを貼ったり、その日の欄を塗りつぶしたりするのもいいですね。それが多くなると、「自分はよくやっている！」という、自分への自信と信頼を育てることになります。

どうしてもやる気がわかないなら、それは「アタマ」で考えているやりたいことかもしれませんよ。「ハート」がワクワクするものを選び直してみましょう。

叶えたいこと行動リスト

今日からできること

□

□

□

□

□

□

□

47 「うまくいかない」と思ったときは？

思いが叶うには、タイムラグがあります。

なぜなら、「すぐに外国人の友達ができたら」と思っても、語学力がまだ不足しているので、できても「友達なんて作らなければよかった……」と後悔することがある、と自分の潜在意識が予知していると、すぐには引き寄せないようにしていたりもするからです。

またタイムラグの間に、「時間をかけて勉強しても役立たなかったりして」と思っていたりすると、不安のほうが現実になってしまうこともあります。

勉強してできるようになる喜びよりも、勉強がおっくうという気持ちのほうが強いと、モチベーションが下がってしまいますよね。

また、思うように上達しなかったり、感度をよくしようとしても、少しも進んでいる感覚がなかったりしたら、「どうせダメ」とも思いたくなってしまうでしょう。

こんなふうに、なかなかうまくいかないと思ったときは、「心の声を聞く時間をとる」ようにしてみましょう。

「これをやりたいって本当？　見栄を張ったり、誰かの人まねではない？」。

見栄や人まねであっても、「やってみたい！」という感情がふつふつとしているのなら、何か**「怖れ」**があるのかもしれません。それを見つけて減らしていきましょう。

「どうしてもやりたい」と本気で思うことは、達成できるものです。何が何でも見たい番組とか本とかは、たとえ時間がなくても、どうにかやりくりをしてチェックしていたりしますよね。息切れがしてしまうのなら、「それほどでもない」と思っているからかもしれません。**もう一度、達成したときの喜びをイメージ**してみてください。

また、日々新しい情報も入りますので、方向転換をしたくなることもあります。そういうときは、**より「自分が幸せ」と感じるほうへ、柔軟に軌道修正**していきましょう。

そもそも、「いいな」と思うことというのは、自分の心に触れたり、「自分の未来」に関係しているからこそ、気になるのです。

一番大事なのは、「どうせ」と思わずに、「なんでこれが気になるんだろう？」と心に問いかける時間をもつこと。それはあなたのこれからの人生を彩る、とても大切なことに間違いありませんから……！

ときめきアドバイス 2

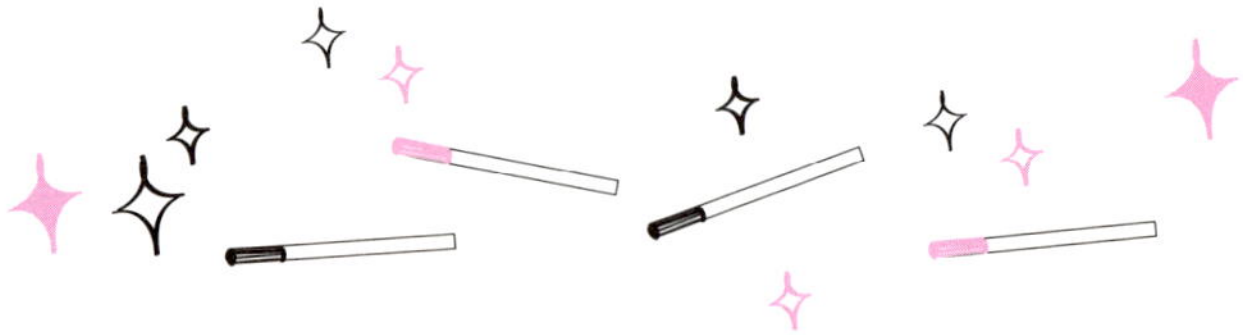

マップを作るとき、すぐにスラスラ描ける人もいれば、すごく悩んで時間がかかる人もいるでしょう。

さらに、「なったらいいな！」とウキウキしながら描く人もいれば、「こんなのムリに決まってるけど」とこわごわ描く人もいると思います。

どんな思いで描いてもいいんですよ。なぜなら、**作り直せばいいのですから！**

マップを毎日見返して、１ヵ月後、３ヵ月後、半年後……。

きっと、叶ったり、叶いつつあったり、ビクともしないものもあるでしょう。

欲しいブランドの服は、思い切って買って、すでに叶えたかもしれません。「専業主婦をさせてくれるくらいの年収のパートナー」ではなく、「年下で年収は少ないけれど、気になる男性」が現れているかもしれません。「お給料アップ」はビクともしないかもしれません。もっともっと叶えたいことが出てきたかもしれません。

そうしたら、新しい紙を用意して、リニューアルしてみましょう！作り直すたびに残る、「なかなか叶わないけれど譲れないもの」は、きっと時間はかかっても、近い将来に叶うこと。また、「こういう気持ちで描くことは叶いやすい」というのも分かってきますよ。

自分の未来を、どんどん望ましいほうにナビゲートしていきましょう！

5章

自分の使命に気づき、世界一幸せな自分になる！

人はみな、幸せになるために地上に生まれてきました。
自分を世界一幸せにしていきましょう。
そうするうちに、自分の使命も分かるし、
自分を最大限に使うこともできるし、
ものすごい未来もやってくるのです！

48 価値ある自分をいつも思い出す

これまで、「自分は、幸せになる価値のある素晴らしい人」と思い出す宝さがし、「ダメなこともＯＫ！」と知ること、幸せでステキな自分の未来を描くことをやってきました。いかがですか？「自分は幸せになっていい」「世界一幸せになってもいい！」ということに、もう怖れはありませんか？

『ない』でなく『ある』を見つけて、自分をゆがんだ「思い込み」から解放して、心の扉を思いっきり開けて、ステキな未来を呼び込みましょう。

そのために、ぜひしていただきたいのが、「世界一自分を幸せにする」ための行動をし続けることです。

暑いなぁと思ってアイスを食べようとしたとき。添加物たっぷりだけれど手頃なアイスと、手作りだけれどちょっとお高いアイスがあったら、「世界一幸せにしてあげる人が食べるなら？」と選んでみてください。「心が喜ぶほう」を自分に食べてもらいましょう。

映画を見たい、と思ったとき。映画館まで行くのが面倒だから、そのうちＤＶＤを借りて、と思うかもしれませんが、「世界一幸せにしてあげたい人」には、ぜひ映画館の大画面で臨場感あふれるサウンドに包まれながら見せてあげてください。

またあなたの着ている部屋着は、「世界一幸せにしたい人」に着せるものでしょうか？　外で着られなくなったから家で着ているというなら、そうではないですよね。自分が一番リラックスしたいときに着る部屋着こそ、肌触りや色にこだわって、いいものを選ぶようにしてみましょう。ちょっと値が張りますが、シルクはやっぱりいいですよ。

このようにして「自分を世界一幸せにする」という視点をいつももっていると、ついつい「どうせ」とか「これでいいや」と自分を扱ってしまいそうなるとき、**「いやいや！　自分は価値ある人なんだから！」**という気持ちに立ち戻ることができるのです。

そして、自分を大切に扱おうとしていると、「ホコリがちょっとかぶったデスクでいいや」から、「いやいや！　キレイなデスクがいいでしょ！」と、サッと机を拭くことができるようになります。

こうした毎日の積み重ねが、生活の質をじわじわ、そしてどんどん変えていくのです。

しかもいつも自分を幸せにしていますから、気持ちもいつも優しくなれます。

このようにして**「自分は幸せになるのにふさわしい」という思いが、嬉しいことをどんどん引き寄せるようにもなるんですよ！**

49 自分らしく生きられるようになる！

「自分を世界一幸せにする」という気持ちで行動するようになったクライアントさんたちから、嬉しいご報告をたくさんいただきます。

中には、報われない人とずるずると関係を続けてしまっていた方もいました。けれど、「これは、世界一幸せな人？」と思ったら、「NO！」という答えが出て、「あんなに別れられないと思っていたのに、スパッと思い切れたんですよ」と驚いておられました。

彼女は、ついつい「自分にはこれがお似合い」と思うクセがあったのですが、**「それって本当？」「世界一幸せにしたい人にしてあげたいことは？」**と思うようにしたら、服やアクセサリーもパッと華やかになり、お肌もツヤツヤされて、自分を大切にすることをすごく楽しまれるようになりました。

それで前から行ってみたかったワインの会に思い切って参加されるようになったら、男性のお友達もたくさんできるようになって、**「ついに私にもモテ期がやってきました！」**と喜ばれるようになったのです。

また別の方は、「前から行きたかったモルジブ。自分を幸せにするなら、いつ行く？できるだけ早く！」と、一番早く休みが取れる時期に予約をとって、満喫されてきました。

さらに、別の方は「自分が本当にしたいことや、やって幸せになることを迷わずできるようになりました」と、バリバリの丸の内ＯＬを辞めて、九州にある、自給自足で共同生活をするファームに行くことにされました。

彼女は、「自分の手で作物を育てて、それで自分の命を保って、そして自分が育てたものを食べた人が喜んでくれる顔を見られたら幸せだと思うんです」。そう言って、畑仕事に精を出したり、併設のカフェで、できた作物を料理したものを出したりして、「今、一番幸せです！」と、ときどきメールで満面の笑みの画像を送ってくれます。

自分が幸せになることをするようになると、行動が早くなるし、自分の中の「ダメ」に思いがちな部分でなく、「一番いい」部分に意識がいくので、**自分が出会う人や引き寄せることも、そのレベルに合ったものに変わっていきます。**

自分の中の怖れを弱め、思い込みから解き放たれて、**自分の中の「一番幸せ」レベルの自分にふさわしいことを、これからの自分にプレゼントしてあげましょう。**

そして、そのレベルの自分を使ってできることを周りにやっていけば、今まで思っていたよりも、ずっとずっと素晴らしい未来を迎え入れることができるのです！

50 自分の使命を見つけてみよう

あなたには、できることがたくさんあります。

そして、自分が好きで、自分の力を使って、さらに人のプラスになることができると、やりがいを感じることができます。

あなたは、「何が好きで、自分のどんな力を使って、人にどんなプラスなことをするのが幸せな人」ですか？


私がこのことについて考え始めたとき、私は小さなリラクゼーションサロンを始めて、アロマトリートメントや整体をしている、ボディ中心のセラピストでした。

そのときに私は思ったのです。**「私は、美や健康について学ぶのが好きで、トリートメントの技術を使って、お客さまにラクに幸せになっていただくのが幸せな人なんだ！」**と。

だから、健康雑誌を読んで情報収集をしていても幸せだし、自分の力でお客さまをラクにして差し上げられて、「気持ちがよかったです！」と言っていただくことも幸せだったのです。セラピストという仕事は天職だと思っていました。

楽しくお店を続けているうち、ネットで「心を育てる」記事が気になるようになりました。それでお客さまへのアドバイスの助けになればと、そういった本を読んだり、講演会に足を運んだりするようになったのです。そして、自分でも、心の学びをシェアする場として、ブログを書き始めたら……。その半年後に、徳間書店の編集者さんとご縁ができて、最初の本を出版することができました。そして今では、18冊本を書き、全国で講演をする機会にも恵まれるようになったのです。

本を書くこと、お話しをすることも私にはとても幸せなことです。なぜなら私は、**「自分が知っている幸せになる法則をシェアするのが好きで、それを分かりやすく伝えることで、たくさんの方に自分らしく幸せになっていただくことが幸せな人」**でもあるからです。

私がこの先どうなるかは分かりません。でも私は、仮にトマト農家になったとしても、幸せなのだと思うのです。なぜなら、「トマトを育てることが好きで、美味しくて栄養価たっぷりのトマトを実らせて、食べた方に喜んでいただくことが幸せな人」になったのなら、やりがいにも生きがいにもつながるし、幸せな人生なんですよね。

あなたは、何が好きで、自分のどんな力をつかって、そして人にどんなプラスなことをするのが幸せな人ですか？

例えば、販売の仕事をしている方なら、「品物が好きで、それを使いたくなるようなトークを工夫して、多くの人にその品物を使って生活の質を上げていただくのが幸せな人」かもしれません。そう思っていたら、もっと上手にトークを工夫しよう！　という気になりますよね。

主婦の方だったら、「料理が好きで、美味しくなるレシピを作って、家族の笑顔を増やすのが幸せな人」ということもあるでしょう。そうしたら、「毎日時間をかけて食事を作っても、食べてしまうのはあっという間」とため息をつきたくなっても、「いやいや！ 美味しいものは家族を笑顔にするんだから！」と気持ちを変えることができて、家事に意欲をもてるようにもなるでしょう。

「自分の使命」というのは、歴史に残るような大事業とかでなくてもいいのです。
私は、人の第一の使命は、**「地上でさまざまな経験をすること」**。その次が**「自分を幸せにすること」**だと思っています。そしてその次が**「自分が好きで、自分の力を使って、人にプラスになることをすること」**。なぜならそれは、自分の幸せにもつながるからです。
道のごみを一つ拾って、「キレイな道で他の人も気持ちがいいだろうな」と思うことだって、自分を使って人にプラスなことをすることになりますし、いいことをできて幸せな気分が増えますよね。あなたが、**「何が好きで、自分のどんな力を使って、人にどんなプラスなことをするのが幸せな人」**なのか、書いてみてください！

私は　　　　　　　　　　　　な人

51 プラスをバネに見つける自分の使命

「やりたい」と思うこと、「好き」なこと、「やると楽しい」こと、「嬉しく」なること……。それらは、「自分を満たしてくれる」と魂が分かっているから、欲しているものです。

それらを見つめてみると、自分を幸せにする人生の使命も分かってくるんですよ。

あなたは何をしていると嬉しいですか？　余暇の時間に、お金と時間をたくさんかけていたことを書いてみてください！

自分がしていて嬉しいことは？

やると嬉しくなることというのはすべて**「ポジティブなことを得て、自分を満たしてくれること」**です。そしてだいたい三つに分類されます。

一つは、**ストレス解消**。仕事で心身ともに疲労がたまっていたら、「お風呂にゆっくりつかる」とか「たくさん寝る」といったこと。またスカッとしたいときはカラオケをしたり、飲んだりすることもありますね。ゲームをしてポイントを重ねることの達成感もストレス解消になるでしょう。疲れた心を満たしてくれるものを、欲しているのです。

もう一つは、**自分が向上すること**。習い事のような、自分がやっただけ成果を感じられるものというのは、自分が向上する満足感や、目標をクリアしたときの達成感を得られます。さらにできることが増えること、そのために自分がいろいろやったことを認めることもできるので、自尊心も高まるのです。

もう一つが、**評価されること**。美味しい料理を作ってほめられる。ブログでいい記事を書いて感謝される……。人からいい評価をされると、自信をもつことができます。ですので「もっとやりたい」という気になるのです。

あなたがやると嬉しいことはどれに分類されますか？　要素が重なっていることもありますが、強いのはどれでしょう。

すごく疲れているときは、まずはストレス解消をして自分を元気にすることが最優先で

す。自分で自分を満たして「いい気分」にしておかないと、周りにもイライラや「どよん」とした空気をふりまいて迷惑をかけてしまいます。

けれど、元気が補充されたら、スキルアップや習い事などの自分が向上することの比重を高くしてみてください。向上することで嬉しいことがなかったら、もう少し心の中を探してください。54ページの、「自分の長所は？」というところの、「得意なこと」を見返してもいいですね。

やると向上することで、「これがやりたい」とピンと来たものは、もっと向上させてみるといい、というサインでもあります。なぜなら、それを高めると、周りの人を喜ばせることができて、評価されることにもつながるからです。

あるクライアントさんは、掃除が大好きで、家を掃除するだけではなく、いろいろな雑誌の掃除特集などを集めることも趣味でした。それで、友人の家に遊びに行ったときに掃除法をアドバイスするようになったら、それが口コミで広がって、地元のクリーニング会社に乞われて、アドバイザーをするようにもなったんですよ。

自分の好きなこと、嬉しくなることは、その力で誰かを喜ばせることができる、あなたの使命になるのです！

52 マイナスをバネに見つける自分の使命

あなたの使命は、あなたの今までの失敗や悲しい出来事からも見つけることができます。

あるクライアントさんは、3年以上もうつや引きこもりで、顔を洗う気力すらない日々が続いていていました。

けれどご家族の病気をきっかけに気力を取り戻され、回復する中で、「自分の経験を役立ててもらうことで、3年も引きこもらなくても、1年で済むようアドバイスができるセラピストになれれば」という志を立てられたのです。そして今は、セラピストになるべく勉強を始められ、身近な人から着実に笑顔になれる人を増やされています。

「引きこもっていたことはマイナス」と隠すのではなく、**「それがあったからこそ」**と思うようにしたら、それは強みになります。マイナスが大きければ大きいほど、**「あんなに○○だったのに、今はこうなりました！」**というセールスポイントになるんですよね。

そうしたら、自分のマイナスな過去を認めることができるようになるので、自分のことを好きになれます。そしてマイナスな経験をバネに、周りの人を助けることができたら自分を誇りに思えるでしょう。そのとき、**マイナスな経験は、自分の「宝物」**になります。

59ページで、あなたの欠点や隠したい過去を書いていただきましたが、**「それがあるからこそ誰かを助けられること」**がないかを考えてみてください。

使命というのは、自分の命を使うこと。自分のできることを、自分のため、周りのために使えば、自分も充実感・達成感を得られ、周りの人も幸せにすることができるんですよ。

欠点があるからこそ、できることを書いてみてください！

欠点があるからできることは？

53 理想をバネに見つける自分の使命

あなたの理想の社会はどんな社会ですか？　争いのない社会や、好きなことをやって生きていける社会、いじめの経験がある方には、いじめのない社会が理想かもしれません。

あなたの理想の社会を左のページに書いてみてください！

では、**その社会をつくるために、あなたにできることは何かありませんか？**

私は、「誰もが、自分の良さを見つけ、それを活かして周りの人のプラスになることをして、喜ばれ喜び合い、皆で幸せになる社会」になるといいなと思っています。

そのためにできることとして、まずは「人の良さを見つけ、褒めること」、さらに「著書やブログや講演で、幸せに生きる方法をお伝えすること」をしています。

自分が好きなことですのでストレスがありませんし、そのためにいろいろ勉強をしたり出かけたりすることが多くても苦になりません。しかも、周りの人から喜ばれるので、自分がどんどん幸せになります。

使命というと、「こうしないと」「〇〇のために」と固く考えてしまいがちです。

でも、何かを達成するために、自分が犠牲になってしまっては、志半ばで終わってしまいます。また**人の為、というのは「偽」**なんですよね。

使命は、あくまでも「自分が幸せになるため」にやりましょう！

あなたの理想の社会のために、自分がときめきながらできること。それをやると人生が充実していきますよ。

理想の社会と、その社会のために、あなたにできることを書いてみましょう！

あなたの理想の社会は？

理想の社会のためにできることは？

54 趣味を実益にしていくには

あなたが、やりがいや喜びを感じられることは何ですか？

ある人は、小説を読んでその世界に浸るのが無情の喜び。

ある人は、株の売買をして自分の資産を増やすことが大好き。

またある人は、料理を作って子供たちに喜んで食べてもらうのが生きがい……。

それは、**「自分を喜ばせること（満たすこと）」**、**「自分を使って価値を創造すること」「人の役に立つこと」**などに分けることができます。


小説や漫画やゲームなど、「受身」の喜びの比重が高い人は、ただ受け取るだけではなく、「こんなに楽しいものを作ってくれてありがたいな～」という気持ちをもってみましょう。

さらに、「これを書くためにどれくらい調べたのかな？　どういう勉強をしたのだろう？」と、**「作り手」の気持ち**にもなってみてください。

「自分とは世界が違う」とあきらめてしまわないでください。株とか料理とか他にも選択肢があるのに、小説や漫画のほうに魅かれるのなら、あなたには、それをただ「受け取る」だけでなく、**「自分も作ってみる」ということを魂の中でプログラムしている**、ということもあるのです。今はインターネットで文章や絵を公開することも容易です。自分が好きなことを「作り手」として何か形にし、それによって、喜んでくれる人、元気になる人が現れたら、それは人の役に立つことにもなりますよね。

自分が好きで、自分の力を使って、そして人にプラスになること。

それが、「やって楽しく、しかもやりがいを感じられること」です。

何となく空しさをいつも感じたり、「自分は自分を最大限に使っていない」というモヤモヤした気持ちがある人は、「受身の喜び」では満足できなくなった、というサインです。

ヨガや写真といった趣味のことであっても、ただ習うだけでなく、**「教えるとしたら？」**と意識を変えてみるだけでも、取り組む姿勢や受け取ることが変わってきて、より意欲をもって、好きなことに関われるようになります。

そうすると、よりスキルアップするし、できることが増えていきます。その結果、趣味がやがて実益、さらに本業になることもあるんですよ！

自分が好きなことを「作り手の意識」で見るようにしてみるだけで、生きがいや使命にもつながっていくのです。

55 「最高の自分」は?

あなたがイメージできる「最高の自分」とはどんな自分でしょうか?

今までやってきたことを踏まえて、こうありたい、世界一幸せな、最高レベルの自分を書いてみてください!

こうありたい最高の自分は?

「みんなから憧れられるような人」「欠点をバネに、仕事で輝いている人」「何があっても笑顔でいられる、メンタルがタフな人」……。

その中でも、もっとも「コレ！」というものに、赤丸をつけてください。そしてそれを手帳にメモったり、携帯の待ち受けにしたりして、心にいつも留めておきましょう。

そして、**「その要素が備わっている人」だったらどういう振る舞いをするか**を意識してみるのです。

そうしていくと、いつも「最高の自分」にレベルが合っていますので、自分の背筋も伸びますし、行動に信念が出てきます。

「自分を世界一幸せにする」というのと一緒に、**「最高の自分」**も心のキーワードにしておいてください！

心のキーワード

1. 世界で一番自分を幸せにする
2. 最高の自分

56 もしあなたがこの世にいなかったら、変わっていたことは？

周りの人がイキイキと活躍しているのを見たりすると、ついつい「私なんて」と思ってしまうもの。自分はそれほどのことをやってきていないし、今もしていないし、それどころか迷惑をかけたこともある……。

そうして、落ち込みそうになることがあるかもしれません。

でも、想像していただきたいのです。

あなたがもし、この世にいなかったら、変わっていたことはありませんか？

あなたがいなかったら、ご両親の人生はとても味気ないものになっていたでしょうし、友達の学校生活もつまらなくなっていたでしょう。

仕事でやったことも、あなたがいなかったら他の人が代わりにやったかもしれません。

でも「あなた」がやったこととは同じではありませんよね。

お子さんがいるのなら、その命は、あなたなしでは決してこの世に生まれることはできなかったのです。

もしあなたがこの世にいなかったら、変わっていたことは、どんなことがありますか？

自分がいなかったら変わっていたことは？

それだけではありません。無意識のうちの行動が、大きなことに発展することだってあるんですよ。**「バタフライ効果」**という言葉があります。これは「ブラジルでの蝶の羽ばたきがテキサスでトルネードを引き起こす」というような、「極めて小さな差が、やがては無視できない大きな差となる現象」のことを差します。

あなたは気づいていないかもしれませんが、あなたの言った一言が誰かの心を動かして、その人がやったことがまた他の人を動かして……ということがあって、ニュースになるような大きなことにつながっている、という可能性もないわけではありません。

同窓会などで、何十年かぶりに会った友人から、**「あのときのあなたの言葉で目が覚めた」**とか**「この道を進もうと思ったきっかけはあなた」**と言われて驚くこともあるのです。そう思うと、**「今、何をするか」にもっと意識を向ける**ようになりませんか？

夕食後、テレビの前に座ったから、たいして面白くない番組だけれど、だらだらと見続けてしまう、ということもできますが、その時間に自然保護のサイトを見て、クリック募金をすることで、未来に緑を残す小さな力になることもできます。

手伝いを頼まれて「ちょっと面倒だな」と思っても、やることによって、相手が助かってご機嫌になって、誰かに優しくしたら……。あなたのやったことは、自分の手の届かない人をも幸せにできることになるのですから、やっぱり、「やろうか！」と思うこともあるでしょう。そのとき**「最高の自分」**を意識していたら、さらにステキな行動になるでしょうし、よりプラスになれることを考えたら、それはやりがいにもつながります。

人はちっぽけなんかではありません。知らず知らずのうちに、大きな影響を周りに及ぼしているのです。それを思い出して、自信をもっていきましょう！

57 人ともっと触れ合ってみよう

あなたは人付き合いが得意ですか？　それとも苦手ですか？

ご縁というのは「人」を介してやってきます。そして、70億人も人がいる中で、自分の周りにいる人というのはほんのわずかにしか過ぎません。ですから、その天文学的な確率でそばにいる人というのは、**「自分に必要だから」「相手に必要とされているから」**と思って間違いはないんですよね。

好きな人は、自分に何かプラスになるものをくれるから。嫌いな人は、自分に何か気づかせてくれるから。そして自分が「何かやってあげたいな」と思う人というのは、あなたの力をその人を使って発揮させるためのきっかけとなる人です。

身近な人で頑張っている人がいたら、話しかけてねぎらってみるのも、あなたの心が求めている「やりたい気持ち」を叶え、人とのご縁を広げることにもなります。

応援したい相手が、手の届かないアイドルや、スポーツ選手の場合であっても、今はその人たちがツイッターやフェイスブック、ブログをやっていることも多いもの。ツイートやコメントなどで、自分の応援する思いを伝え、「つながる」こともできますよね。

ネット全盛の時代ではありますが、ぜひ**「リアル」なお付き合いも大切にしてください**。

直接会うと、その表情、言葉のニュアンスなどもよく分かりますし、それだけでなく、その人を取り巻く雰囲気や思いというものも、より深く心に伝わってくるものです。

また、体に**触れること**で伝わるものもあります。日本は外国と違って大人になると、家族でも体に触れる機会はほとんどなくなるものですが、ご両親と会ったときに、肩に手を置いてみる。背中をさする。そういうこともぜひしてみてください。言葉だけより、ずっと伝わることがあることにも気がつくはずですよ。

周りの人に関心をもつ。そして関わってみる。そうするとそのぶんだけ人生の楽しさや面白さも掛け算で増えていくのです！

あなたが「応援したい」と思う人は誰ですか？

応援したい人は？

58 「つながり」を思い出そう

人と触れ合うのが楽しいのは、「つながり」を実感させてくれるからでもあります。

嫌われたり、拒絶されたりするのが悲しくて辛いのは、**「人とのつながりを断たれた」**と思うから。逆に好かれたり認められたりするのが嬉しくて幸せなのは、**「人が自分を受け入れてくれ、つながっている」**と感じるからです。

人間関係が希薄だと、すぐにつながりが切れてしまうような気がしてしまうかもしれません。自分が拒否されてしまうような気がしてしまうこともあるでしょう。

でも、実際に会っている人であれ、ファンをしているミュージシャンであれ、「この人のことはずっと好きだろうな」という人はいませんか？　この人が自分のことを遠ざけるようなことがあったとしても、自分は好きであり続けるだろうと思うことはありませんか？　切れないつながりもあるのです。

人間関係をギブアンドテイクだと考えていると、「やってもらったら返さないと、嫌われてしまう」「やったら返してもらわないと、不満になってしまう」と思いがちです。でもそれは、**「失う怖れ」**にとらわれている人間関係です。

けれど、**「やってもらったら、ありがたく受け取ればよくて、恩返しをしないとなんて**

考えなくていい」「自分がやるのが楽しいからやるのであって、それで感謝されなくてもかまわない」と思っていたら、それは怖れを感じていません。そんなことではつながりが切れるとは思っていないのです。

また、願ったことがどんどん叶うようになると、「うまくいき過ぎて怖い」と思ってしまうこともあるでしょう。でも願いが叶うのは、自分がそれを必要だと信じ、自分につながっている宇宙が用意してくれたから。**宇宙は豊かですから、自分の願いが叶うことなど、海からスプーンでひと匙すくっているくらいのものなのです**。でも、「怖いのならもう叶えないほうがいいね」と豊かさとのつながりが切れてしまいます。

宇宙は豊かです。太陽は、地球を丸ごと照らして、木々を育て、服を乾かしてくれます。**私たちはその宇宙と「見えない力」を通じてつながっているのです**。そのことを思い出して、もっともっと「つながり」を思い出してみましょう。

あなたが困ったときに、助けてくれる人が現われたことはありませんか？

こうなってほしいと思ったことが、思いもよらない方法で叶ったことはありませんか？

「嫌われる」と思ったのに、そうでなかったことはありませんか？

あなたはちゃんとつながっているのです。

もっと自分を信じて、人を信じて、「見えない力」をも信じてみましょう。

「つながりが切れた」と思うのは「自分の心の中」だけのこと。人が去っていったとしても、それは新しい人がやってくるためであったり、嫌われたと思うことがあったら、それをきっかけに、自分がしていることを見直してみるサインであって、より強いつながりを得るためのことなのです。

あなたは守られているし、応援してくれる味方もちゃんといるのです。

のびのびと、世界一幸せな、最高の未来を楽しみにしていきましょう！

「見えない力」で助けられたこと、叶ったことは？

59 世界一幸せにしたい自分のためにどんな未来をプレゼントしますか？

「自分で自分を、世界一幸せにしてあげる」

それは、あなたの人生の目的でもあります。なぜなら、あなたとあなたの体の責任をもっているのは、あなた。そして、あなたが本当に欲しいものを知っているのも、本当にやってほしいことを知っているのもあなただからです。

自分より、「周りの人を優先」するのが、あなたの喜びならいいのです。でも、あなた自身をこそ一番優先してあげてください。自分を世界一幸せにするのなら、自分がやることも変わってきますよね。「自分だけ幸せ」になることもできますが、自分ができることを周りにやると、もっともっと幸せが増えることが分かったら、きっと、自分をいっぱい使って、周りの人が笑顔になることを増やしていくでしょう。

「最高の自分だったらどうする？」「理想の社会にするために何ができる？」そういう視点も、自分の背筋を伸ばし、凛とした美しい行動をできる人に育ててくれます。

あなたは、たくさんのことをすでにやってきて、受け取ってきて、そして未来にたくさんのことができる素晴らしい人です。

あなたは、世界一大切なあなたが幸せになるために、何をしてあげたいですか？

あなたは、それを受け取るのにふさわしい人です。ありったけ、書いてみてください！

それらはすべて叶いますよ！

あなたが幸せになるためにしてあげたいことは？

おわりに

「自分のことは、自分が一番よく分かっている」

そう思いがちですが、実はそんなことはありません。

この本を最後まで読んでくださったあなたは、きっと自分が今まで記憶の奥底に眠らせていたものが、いろいろ浮かび上がるのを実感されたと思います。

今までやってきたこと。それらは、思ったよりずっとたくさんあったでしょう。

さらに、「自分の欠点」と思っていたことが、見る角度を少し変えてみただけで、それが長所に変わるだけでなく、一番の「強み」になることを発見し、驚いたかもしれません。

そのようにして、「自分ってけっこうイイな！」と思えるようになると、自分にとびっきりときめく、ステキな未来がやってくることを許可できるようになります。

「ときめき自分マップ」を見返してみてください。さまざまな選択肢がある中で、あなたの心に浮かんだその思いは「未来の先取り」です。きっと近い将来たくさん叶いますよ。

さらにそのとき、「自分を世界一幸せにする」と意識していたら、「これはすぐに叶えたい！」と自分の行動力に火をつけて、実現をどんどん加速させることができます。

「世界で一番大切な自分」に、思いっきり幸せなことを、あなた自身がたくさんしてあ

げてください。自分を満たしていけばいくほど優しくなれるので、周りの人もあなたに優しくしたり、親切にしてくれたり、応援してくれるようになり、幸せなことがどんどん増えていきます。ぜひそれも楽しみにしていてくださいね。

この本ができるまでに、たくさんの方々が私を支えてくれました。

「ときめき自分マップ」のアイディアをくれた、「シンデレラときめきマップ」講師の川畑奈美さん。さまざまなヒントをくれた、「大阪プリンセスアカデミー」のスタッフ・会員の皆さん、「プリンセスハート・アカデミー」の受講生の皆さん、「宝さがしセッション」のクライアントさん。皆さんのおかげで、たくさんのことに気づかせていただきました。

そして、この本が世に出るため、惜しみなく力を貸してくださった「チームせかしあ（世界一幸せ）」のメンバー。かざひの文庫の磐﨑文彰さん、デザイナーの芦野紀子さん、イラストを担当してくださったＨＡ＊さんこと竹中章恵さん。ステキな本を作ってくださって、感激でいっぱいです。

さらに……。この本を選び、手に取ってくださったあなたに、心から感謝いたします。

あなたが、自分の素晴らしさに目覚められ、自分を自分なりの「世界一幸せな人」にして、人生を心の底から愉しまれ、満喫されますよう、心からお祈りしております！

恒吉彩矢子

恒吉彩矢子（つねよし・あやこ）

ハッピーライフ・セラピスト。ＯＬ時代にストレスで悩んだことをきっかけに、アロマセラピー、整体、心理学等を学び、のべ5000名以上にアドバイスや施術を行っている。現在はサロンを経営しながら、書籍、講演活動を通じて、「自分らしく幸せに輝く」ためのメッセージを発信。著書は、『幸運が舞い込む　プリンセスルール』（中経出版）、『幸せな奇跡がつぎつぎ起こる　ヒロイン・ブック』（講談社）等18冊。著者のHP　http://www.tsukiten.net/

世界で一番幸せになる！ときめき自分ノート

2013年10月19日　第1刷発行

著者　恒吉彩矢子（つねよし・あやこ）

発行者　磐﨑文彰
企画・編集・発行　株式会社かざひの文庫
〒110-0002 東京都台東区上野桜木2-16-21
電話＆ファックス 03-6322-3231
e-mail: company@kazahinobunko.com
http://kazahinobunko.com/

発売元　太陽出版
〒113-0033 東京都文京区本郷4-1-14
電話 03-3814-0471　ファックス 03-3814-2366
e-mail: info@taiyoshuppan.net
http://www.taiyoshuppan.net/
印刷　シナノパブリッシングプレス
製本　有限会社井上製本所

装丁　芦野紀子（ a piece of design ）
イラスト　HA ＊竹中章恵

ISBN978-4-88469-790-7